中国长江三峡集团公司科技图书出版基金**资助**

2009
美国基础设施评估报告

（美）美国土木工程师协会　编著

李文伟 译

中国三峡出版传媒

中国三峡出版社

图书在版编目（CIP）数据

2009美国基础设施评估报告 /（美）美国土木工程师协会编著. 李文伟译. —北京：中国三峡出版社，2016.1
　　ISBN 978-7-80223-914-2

　　Ⅰ.①2… Ⅱ.①美… ②李… Ⅲ.①基础设施–项目评价–美国–2009 Ⅳ.①F294

中国版本图书馆CIP数据核字（2016）第009976号

中国三峡出版社出版发行
（北京市西城区西廊下胡同51号　100034）
电话：（010）66112758 66116828
http://www.zgsxcbs.cn
E-mail:sanxiaz@sina.com

北京市十月印刷有限公司印刷　新华书店经销
2016 年 1 月第 1 版　2016 年 1 月第 1 次印刷
开本：880 毫米 ×1230 毫米　1/32
印张：6.5　字数：133千字
ISBN 978-7-80223-914-2　定价：38.00元

American Society of Civil Engineers
1801 Alexander Bell Drive
Reston, Virginia, 20191-4400
World Headquarters

101 Constitution Ave, NW
Suite 375 East
Washington, D.C., 20001
Washington Office

202-789-7850

ASCE and American Society of Civil Engineers—
Registered in U.S. Patent and Trademark Office.

© **Mixed Sources**
Product group from well-managed
forests, controlled sources and
recycled wood or fiber
25%
FSC www.fsc.org Cert no. SW-COC-002504
© 1996 Forest Stewardship Council

咨询委员会

美国土木工程师协会成立于 1852 年，是美国历史上最悠久的土木工程社团组织，代表着民营组织、政府组织、行业及学术界致力于发展民用工程科学技术的 146000 多名工程师。该协会是一家 501(c)(3) 免税教育和专业协会。

D. Wayne Klotz, P.E., D.WRE, F.ASCE *President, American Society of Civil Engineers 2008–2009*
Klotz Associates
Houston, Texas

Patrick J. Natale, P.E., F.ASCE, CAE *Executive Director*
American Society of Civil Engineers Reston, Virginia

《2009 美国基础设施评估报告》中的评级和建议是由美国土木工程师协会的 28 名成员组成的咨询委员会作出的。委员会的成员均是其所在领域一线专家。每名成员的个人资料列于附录 C。

《2009 年美国基础设施评估报告》咨询委员会

Andrew Herrmann, P.E., SECB, F.ASCE
Advisory Council Chairman
Hardesty & Hanover, LLP
New York, New York
Bridges

Donald L. Basham, P.E., M.ASCE
Stantec Consulting
Louisville, Kentucky
Inland Waterways, Levees

John Bennett, P.E., M.ASCE
Amtrak
Washington, D.C.
Rail

Jeanette Brown, P.E., BCEE, F.ASCE, D.WRE
Stamford Water Pollution Control Authority
Stamford, Connecticut
Drinking Water, Wastewater

Charles C. Calhoun, JR., P.E., F.ASCE
Consultant
Vicksburg, Mississippi
Inland Waterways

J. Richard Capka, P.E, M.ASCE
Dawson & Associates
Washington, D.C.
Bridges, Roads

Tony Dalrymple, PH.D., P.E., F.ASCE
Johns Hopkins University
Baltimore, Maryland
Inland Waterways

Michael DeVoy, P.E., M.ASCE
RW Armstrong
Indianapolis, Indiana
Aviation

译 序

　　基础设施与人们的生活和国家的发展息息相关。美国拥有强大的基础设施，并引以为荣。美国经济繁荣、人们生活质量水平高，都归功于每天为他们服务的基础设施。因此，基础设施状况的好坏，以及如何得到最好的改善，是公众广泛关注的问题。1988年，一个经美国国会特许的委员会——公共工程改善国民议会，提交了一份报告——《脆弱的基础：美国公共工程报告》，对如何改善国家基础设施提出了建议，并建立了一个基本评价体系。十年之后，自1998年开始，每四年发布一份评估报告。评估报告由美国土木工程师协会牵头组织完成，对全美基础设施进行评估，报告运行状况，指出存在的问题，提出解决方案，为改善基础设施建言献策，以维护他们伟大的基础设施，并维持国家的强大和繁荣。评估报告被大量文章和学术研究所引用，评估报告提供的资料也是政策制定者、国家政治领袖决策的重要依据。

　　这种做法值得借鉴。我国基础设施庞大，在做出重大贡献的同时，也面临着同样的问题：其运行状况如何？怎样得到改善和提高？目前似乎尚无一个全面的评价体系。译者认为，我国也应有一个权威的机构提出评价报告。基于这种想法，将《2009美国基础设施评估报告》译介给国内读者，希望对此起到推动作用。此后，还将陆续翻译出版2009年之后的美国基础设施评估报告，供国内相关领域的专家学者参考。

在翻译过程中，得到长江科学院陈霞博士的大力支持。陈霞博士对书稿做了大量的校译工作，在此表示衷心感谢。

李文伟

2015年10月

前言

　　土木工程师是国家基础设施的管家，肩负着重要公共设施的设计、施工、运行和维护等重要职责。定期对国家的基础设施进行评估，报告其运行状况和性能，为改善基础设施建言献策也是其职责所在。

　　《2009 美国基础设施评估报告》，较之四年前的报告而言，并没有多大改变。年久失修和现代化程度不足，给美国人留下了一堆陈旧和失效的基础设施，它们已经无法满足民众的需求。

　　基础设施直接影响个人和国家经济的健康发展，而基础设施的危机将危及国家未来的繁荣。为了确保家庭的安全，我们不能再对每天都要面对的道路拥挤、大坝老化、水管破裂以及桥梁缺损而熟视无睹。

　　作为一个协会，我们必须通过利用可持续性基础设施的实践，成为一个更好的环境管理者。人们现在和未来的生活质量取决于我们迎接挑战的意愿和决心。这些挑战虽然是巨大的，但也是能够得到应对的。这需要政府、行业领袖、有效的技术、明智的社区规划及公众的参与，才能真正改变这种局面。

　　健康的基础设施，能使我们保持国家强大和繁荣，但前提是我们必须要有远见、领导才能、社团参与和支持。我们必须同心协力，开拓出一条发展的道路，并迈出关键的一步。只要坚持共同的目标，我们一定能携手重建我们曾经伟大的基础设施。

威恩·克洛茨

美国土木工程师协会主席

目 录

概要 ··· 1

导论 ··· 13

提高等级的五项重要方案 ······················· 15

水与环境 ·· 19

    大坝 ··· 19

    饮用水 ··· 31

    有害废弃物 ·· 39

    堤坝 ··· 47

    固体废弃物 ·· 57

    污水 ··· 65

交通 ··· 73

    航空 ··· 73

    桥梁 ··· 85

    内陆航道 ··· 97

    铁路 ··· 109

    公路 ··· 121

    运输 ··· 131

公共设施 ·· 143

    公园与休闲 ······································ 143

    学校 ··· 155

能源 ·· 165

附录 A ··· 174

附录 B ··· 175

附录 C ··· 176

附录 D ··· 183

附录 E ··· 186

附录 F ··· 188

致谢 ·· 191

图表目录

图 1.1　美国高危大坝数量 ················· 24

图 4.1　住宅 30 年抵押期内发生堤防失事 / 洪水概率 ········· 51

图 7.1　国家航空系统延误原因 ················· 80

图 8.1　美国不同年份修建桥梁所占的比重 ··········· 94

图 9.1　通过内陆航道运送的商品 ··············· 101

图 10.1　1995—2006 年间美国铁路公司输送乘客数量 ······· 112

图 13.1　国家公园接待访客数量 ················· 147

图 14.1　1998—2007 年间校园建设支出 ············ 157

图 14.2　1990—2007 年间校园建设与招生人数 ········· 160

图 15.1　1977—2006 年间能源输送建设开支 ·········· 171

表 A　2009 美国基础设施评估报告 ·················· 7

表 B　估计 5 年所需投资 ························· 11

表 1.1　美国需进行维修的有缺陷大坝数量统计表 ········· 22

表 2.1　饮用水系统设计寿命 ····················· 35

表 2.2　用水量：1950 年和 2000 年 ··············· 36

表 4.1　堤坝相关区域洪灾破坏情况统计 ·············· 50

表 7.1　美国客流量机场前 10 名，2006—2007 年 ········ 76

表 7.2　美国货运流量机场前 10 名，2006—2007 年 ······ 79

表 8.1　美国桥梁数据统计 ······················ 89

表 9.1　全国最为繁忙的内陆港口 ·················· 100

表 11.1　美国最为拥堵的十大城市 ················· 125

表 12.1　公共交通缩短的交通延误时长 ··············· 134

表 12.2　2004 年运输财政资助来源 ················ 134

表 13.1　受保护土地面积 ······················ 146

概　要

　　《2009 美国基础设施评估报告》为 15 类基础设施（包括一个新的类别：堤坝）进行了评级。美国基础设施又一次被评估为等级 D。然而并不是所有类别的遭遇都如此恶劣，或被同样的问题所困扰，每一个类别低等级的主要原因，几乎都是延期的维修和长期的资金不足。

等级趋势

　　等级从固体废弃物的高等级 C+，到饮用水、内陆航道、堤坝、公路和污水的等级 D– 范围内变动。美国的水陆运输和航空系统的等级在过去四年有所下降：航空和运输从 D+ 下降到 D；公路从 D 下落到几乎不及格的 D–。

　　自上次报告后，以下类别没有显示出重大的改进，国家桥梁、公园与休闲、铁路保持在等级 C，大坝、有害废弃物、学校继续停留在等级 D，饮用水、污水维持在等级 D–。最新的类别——堤坝以勉强通过的等级 D–，首次出现在 2009 年评估报告上。仅一个类别——能源自 2005 年后有所改进，等级从 D 提升到 D+。

水与环境

大坝：随着大坝老化和下游发展的增大，有缺陷的大坝数量已上升到了 4000 多座，包括 1819 座高危大坝。在过去的六年里，虽然对每个有缺陷的、潜在高危的大坝进行了修补，但几乎总有两个以上的大坝被宣布为有缺陷。在美国有 85000 多座大坝，平均使用年限达 51 年之久。由于缺乏修补和恢复方面的进展，国家大坝这一类别被评定为等级 D。

饮用水：饮用水被评定为等级 D-。如果为遵守现在和未来的联邦水法而去更换老化的、接近使用寿命期限的设备，美国饮用水系统将面临年度短缺至少 110 亿美元。这还没有将未来 20 年饮用水需求的增长算在内。渗漏的水管估计每天要损失 70 亿加仑清洁的饮用水。尽管美国仍然享受一些世界上最好的自来水，但将水处理和输送到需要的地方所需的费用，仍旧超过现有维持系统的资金。

有害废弃物：成千上万受污染的场地遍布全国，代表着数百万美元未开发的经济潜力。过去五年中，棕色地块的重新开发估计为所在地产生 191338 个新的工作岗位和每年 4.08 亿美元的额外税收。然而在 2008 年，有 188 个美国城市的棕色地块等待清理和重新开发。此外，为清除国家最有毒废料场设立的"超级基金"，也被联邦持续削减，甚至 2008 年减少到 10.8 亿美元，这是自 1986 年以来的最低水平。自上次评估报告发布以来，由于在清除这些场地方面所做的工作甚少，有害废弃物又被评定为等级 D。

堤坝：作为评估报告中新的类别，堤坝获得了等级

D-。预计全国 10 万英里的堤坝中超过 85% 是由地方所拥有和维护的，这些堤坝的可靠性是不能确定的。很多堤坝已经运行了 50 余年之久，而其建设的初衷则是为保护庄稼免受洪水泛滥而修建的。随着在这些堤坝后方地域开发的增加，由失事而带给公众在健康和安全方面的风险已经加大。粗略估算，大约需 1000 亿美元用于修补和恢复正常应用这些国家堤坝。

固体废弃物： 在美国基础设施评估报告中一直拥有最高等级的类别是固体废弃物，此次又获得 C+，是此次评分中的最高等级。在 2007 年，美国产生了 2.54 亿吨城市固体废弃物，其中超过三分之一被回收利用或恢复，自 2000 年以来，表现出 7% 的增长。在过去的 20 年，人均垃圾产量保持在相对稳定的水平。尽管有这些成就，但随着电子垃圾数量的增加，以及缺乏统一的处理规则，导致国家垃圾填埋地存在潜在的高程度有害材料和重金属，对公共安全构成重大威胁。

污水： 美国每年通过老化的系统排放数十亿加仑未处理的污水至地表水。美国环境保护机构预计，未来 20 年，国家必须投资 3900 亿美元用于更新或替换现存的系统和建造新的系统，以满足日益增长的需要。在 2009 年评估报告中，污水又获得一个 D-，继续在最低等级之列。

交　通

航空： 尽管油价上涨过快、信贷市场不稳定和经济滞后，联邦航空管理局预计在航空旅行方面仍将有 3% 的年增长。由于长期未满足对陈旧的空中交通管制系统进行现代化更新的需求，又未能颁布联邦航空规划，旅客将面临飞行延误增加和多种条件不足的问题。延误的增加和缺乏批准新的联邦航空规划，使得2009年航空等级滑落到D。

桥梁：超过26%——占四分之一多的国家桥梁存在结构缺陷或功能过时的问题。虽然近几年在减少农村地区有缺陷和陈旧的桥梁数量方面取得了一些进展，但在城市地区这样的桥梁数量也在增加。每年需要投入170亿美元，用于实质性改善当前桥梁状况。但目前，每年仅有105亿美元花在桥梁的建设和维护上。自上次评估报告发布以来，桥梁的状况没有实质性的改善，2009年保持为等级C。

内陆航道：国家内陆航道为全国各地运送货物提供了有效的和环境友好的通道。平均每两艘驳船的运力相当于870辆拖拉机拖车的载货量。在国家内陆航道上仍有257个船闸在使用，其中30个修建于19世纪，另外92个也有60多年之久。联邦拥有或运行的所有船闸的平均年限接近60年，明显超过了50年的设计使用年限。要替换现有的船闸系统，估计需要1250多亿美元。尽管水道能够提供经济补偿，但自2005年以来，在改善它现有的状况方面几乎什么也没做，所以该类别仍为等级D-。

铁路：在燃油效率方面，货运列车是卡车的三倍。通过客运铁路旅行，比乘汽车旅行每英里少用20%的能量。然而，需求的增加和变化所造成的瓶颈，使得铁路运输处于临界状态。货运和客运铁路通常共享同一网络，在客运铁路需求方面有很大的增长潜力，将增加对货运铁路容量的挑战。到2035年，需要提供2000多亿美元以适应预期的增长。类似于国家内陆航道，铁路也提供了巨大的经济和环境潜能。但自从 2005 年以来，铁路系统很少得到改善，该类别再次被评价为等级 C-。

公路：国家公路拥挤状况正在递增，改善的费用还在上涨，导致 2009 年公路等级降到 D-。交通拥挤一年要花掉美国人 42 亿小时，相当于 782 亿美元，或每个乘车人 710 美元的经济代价。公路状况不好，使得开车人的修理和运行成本一年要花 670 亿美元。国家三分之一的主要公路处于不好或中等状况，45% 的主要城市公路是拥挤的。目前每年花 703 亿美元用于公路的重点改造，远低于估算的每年需要 1800 亿美元用于实质性改善公路状况的费用。

运输：1995 年至 2005 年间，运输的利用率增长了 25%，其增长比其他任何运输方式都要快。然而，几乎一半的美国家庭不使用公汽或轨道交通，仅有 25% 的家庭认为那是好的选择。联邦运输管理局估计每年需 158 亿美元用于维持现有状况，需 216 亿美元用于改善到好的状况。2008 年用于运输的联邦资金支出费用仅为 98 亿美元。由于对运输的投资与增长的需求不一致，2009 年该类别等级降至 D。

公共设施

公园与休闲：公园、海滩和其他休闲娱乐设施每年为美国经济贡献 7300 亿美元的数额，提供了近 650 万个工作岗位，为更加清洁的空气和水，以及为较高的房价做出了贡献。尽管州和地方层面在公园上的花费创造了记录，但在城市地区每个居民的公用场地面积却在减少。国家公园管理局正在为2016年百年纪念做大量的投入工作，但各处的设施维护费仍在积压，有70亿美元未落实。尽管自2005年以来，在改善国家公用地方面有些进展，但滞后的公共投资意味着公园与休闲类别2009年仍只能获得等级C–。

学校：在国家学校方面的花费从1998年的170亿美元增长到2004年的290亿美元的最高值。然而，2007年的花费降到202.8亿美元。十年来，没有收集到有关美国学校建筑物状况全面而权威的全国数据。国家教育协会乐观估计，要将学校进行好的修缮，需3220亿美元。由于缺乏最新数据，有关全国学校面临问题的准确程度还未可知，因此学校又一次获得等级D。

能　源

能源：自2005年以来，在输电网加固方面取得了一些进展，预计未来20年，在发电、传输、分配方面有大量的投资。自1990年以来，电力需求已增长了25%。由于公众和政府反对派的影响，以及申请程序的困难，限制了更多现代化的需要。预计电力效用投资所需在2030年将达1.5万亿美元之多。主要因为这项始于2005年的"未来20年用于改善的预期投资"，使得能源提升到等级D+。

表A　2009美国基础设施评估报告

航空	D
桥梁	C
大坝	D
饮用水	D–
能源	D+
有害废弃物	D
内陆航道	D–
堤坝	D–
公园与休闲	C–
铁路	C–
公路	D–
学校	D
固体废弃物	C+
运输	D
污水	D–

注：每个类别都是根据容量、状况、资金、未来需求、运行和维护、公共安全和恢复能力进行评估的。美国基础设施平均等级：D。预计5年所需投资为2.2万亿美元。

A= 优秀
B= 好
C= 中等
D= 差
F= 不及格

提升等级：办法

如果国家基础设施面临的一些非常实际的问题没有得到解决，便会威胁到我们的生活方式。如果我们有所需要的远见和领导能力，那么这些问题都是可以解决的。提升我们基础设施的等级，需要我们对每个类别寻求和采取范围广泛的结构和非结构的解决方案，包括技术进步、资金提供、管理变革，以及公众行为与支持的改变。

美国土木工程师协会（ASCE）已经提出了五项有助提升基础设施等级的关键解决方案。它们是：

★ 提升联邦政府应对基础设施危机的领导作用；

★ 提升基础设施的可持续性和恢复能力，以保护自然环境并能经受自然和人为灾害的考验；

★ 构建国家、州立和地区基础设施规划，补充国家规划远景，重视系统性结果；

★ 解决基础设施寿命周期成本和持续维护问题，满足当前和未来的用户需求；

★ 增加并改善各个层面的基础设施投资。

提升等级：案例分析

当列在评估报告中所有类别的状况获得低等级时，也有一些来自全国各地的正面案例表明已取得了一定进展。贯穿于整个报告中关于公众和私人组织机构如何处理特殊问题案例的研究显示，这些创新的解决方案是怎样大规模应用的。对每个类别的案例研究，也许不可能促成等级的全面提升，但它们表明国家基础设施面临的问题通过创造力和决心是可以得到解决的。

历　史

将国家基础设施分等级做一份评估报告的概念，源自于 1988 年一个经国会特许的委员会——公共工程改善国民议会。议会的报告标题为《脆弱的基础：美国公共工程报告》。议会在报告中，对如何改善国家基础设施提出了建议。作为指导研究的一种方式，作者引用评估报告的概念，对基础设施建立了一个基本的评价。第一份评估报告包括 8 个类别的基础设施，并根据现存的公共工程的性能和容量给出了以字母表示的等级。

1988 年，当报告发布时，国家基础设施获得"C"，代表平均等级。《脆弱的基础：美国公共工程报告》中所确认的问题是：不断增加的拥挤、延迟的维护和系统的老化。要满足系统当前的运行费用和未来的需求，报告的提交者担心财政投入是不够的。自 1998 年以来，美国土木工程师协会已发布了 4 份评估报告，并且每次都感到存在同样的问题。

方　法

评估报告咨询委员会由 28 名工程师组成，他们具有上文所提报告中所列学科的专门技术或知识。委员会要通过将近一年的工作来分析 15 个类别的当前数据和状况，并与其他的技术和行业专家进行协商，再给每个类别的基础设

2008年12月23日，救援人员在对马里兰州蒙哥马利县
一输水干线破裂导致搁浅的汽车进行施救

施进行评估，确定等级。

在评定等级时，委员会要考虑几个基本条件，包括容量、状况、运行和维护、当前和未来的投资、公共安全和恢复能力。既要根据公开可用的数据，又要根据在咨询委员会任职的工程师们的主观判断来确定等级。

2005 年评估报告中有一个特色因素，称为"安全性"，力图评估基础设施应付人为风险的能力。自 2005 年评估报告以来的四年里，工程师们已开始考虑基础设施全面恢复情况下的安全性，或对自然和人为风险的承受能力和恢复能力。因为可能的自然灾害有时比人为灾害的威胁要大，恢复能力必须通过系统准则在系统内确定。2009 年评估报告已将恢复能力作为各类别评级的因素之一。

投资需求

2009 年，美国土木工程师协会估计未来五年需投资 2.2 万亿美元，才能使国家基础设施达到良好的状况，比 2005 年评估报告估计的 1.6 万亿美元增加了 0.5 万亿美元以上。这个数字按 3% 的通货膨胀率做了调整，反映了各级政府的资金花费，包括已有的花费。目前花费总计只有所需投资的一半，这意味着未来五年美国需另补投资 1.1 万亿美元。

表B　估计5年所需投资（以十亿美元计）

类别	5 年所需（十亿）	估计实际花费*	《美国恢复和再投资法案》（P.L. Ⅲ –005）	5 年投资差额
航空	87	45	1.3	（40.7）
大坝	12.5	5	0.05	（7.45）
饮用水和污水	255	140	6.4	（108.6）
能源	75	34.5	11	（29.5）
有害废弃物和固体废弃物	77	32.5	1.1	（43.4）
内陆航道	50	25	4.475	（20.5）
堤坝	50	1.13	0	（1.13）
公园与休闲	85	36	0.835	（48.17）
铁路	63	42	9.3	（11.7）
公路和桥梁	930	351.5	27.5	（549.5）

续表

类别	5年所需（十亿）	估计实际花费 *	《美国恢复和再投资法案》（P.L. III –005）	5年投资差额
水陆运输 酌情 补助金			1.5	
学校	160	125	0**	（35）
运输	265	66.5	8.4	（190.1）
	2.122万亿***	9030亿	717.6亿	（1.176万亿）
总计所需 ****	2.2万亿美元			

* 根据各级政府最近最有可能涉及的费用来估计未来5年的花费，未计通货膨胀；

**《美国恢复和再投资法案》为教育列入536亿美元作为州财政稳定基金，到截稿时间为止，并不知道有多少花在学校基础设施上；

*** 未根据通货膨胀做出调整；

**** 假定3%年通货膨胀率。

导　论

美国土木工程师协会及其成员致力于保护公众健康、安全和福利，同样也以改善国家公共基础设施为己任。为达此目标，评估报告以学校成绩单这种熟悉的形式，描述国家基础设施的状况和性能，根据实际条件和为改善而需要的财政投资，给出以字母表示的评定等级。

自 1998 年以来，美国土木工程师协会已发布了 3 份基础设施评估报告和大量的描述基础设施当前状况的最新资料，并为改善提供了可能的解决方案。评估报告被大量的文章和学术研究所引用。国家政治领袖依靠评估报告提供给他们清晰的资料来指导决策。

为做好四年一次的美国基础设施评估报告，美国土木工程师协会召集了一个由全国顶尖的土木工程师组成的顾问小组，以确定调查范围和建立评定等级的方法，他们分析数以百计的研究成果、报告和其他资料，并且美国土木工程师协会调查数以千计的工程师以确定现场发生的事。

1998 年，美国土木工程师协会发现自《脆弱的基础：

美国公共工程报告》发布以来的十年里,基础设施总体等级降到了一个字母等级"D",而且不及格等级给了国家公共学校基础设施,接近不及格等级给了饮用水、公路和大坝如此重要的领域。如此等级令报告提交者感到惊讶,并引起了广泛的社会关注。

发布于2001年的评估报告显示总体等级轻微回升到D+,但在2005年又回落到D。然而我们最想说出的事实是:1988年报告中的关注点,在后来的报告中仍发现同样的问题,如容量不足、维护延迟等等。

提高等级的五项重要方案

　　美国土木工程师协会所提交的美国基础设施评估报告，试图将国家基础设施状况和如何使之得到最好改善的方法，告诉公众和政策制定者。美国人应该将他们的经济繁荣、公共安全、高水平的生活质量，归功于每天为他们服务的基础设施。

　　评估报告在指出国家基础设施存在严重缺陷的同时，也指出只要有专注、有远见的领导和充足的投资，这些问题都能得到解决。美国土木工程师协会提出的关键解决方案是有雄心壮志的，不会一蹴而就，但美国人有能力真正积极地改变现状。美国土木工程师协会呼吁所有想继续传承我们国家强大和繁荣的人们，开始维护和改善基础设施，以使我们的伟大得以持续。

　　美国土木工程师协会已经提出了 5 个关键的解决方案开始提升等级。它们是：

★提高联邦在基础设施方面的领导力；

★提升可持续性和恢复能力；

★增强联邦、州、地方基础设施规划；

★注重寿命周期费用和持续性维护；

★增加和提高所有利益相关者对基础设施的投资。

提高联邦在基础设施方面的领导力

美国基础设施的完好需要有胆识的领导和强制性的国家愿景。在 20 世纪期间，联邦政府通过采取罗斯福新政规划方案、州际高速公路系统和清洁饮水法案等手段，在建设我们国家最伟大的基础设施系统方面做出了示范。自那时以后，联邦的领导力有所降低，国家基础设施状况变糟。当前大多数基础设施投资决策是在没有考虑国家愿景的前提下制定的。强大的国家愿景必须始自于强大的联邦领导，并与各级政府和私人部门共享。没有强大的国家愿景，基础设施将会继续恶化。

提升可持续性和恢复能力

美国基础设施必须满足自然资源、工业产品、能源、食品、交通、庇护所，以及有效的垃圾管理等方面的持续需要；同时也要满足保护和改善环境质量的持续需要。可持续性和恢复能力，必须是改善国家基础设施一个不可分割的部分。

当今的交通运输系统、水处理系统、洪水控制系统必须能够经受住现在和未来的挑战。有必要应用结构和非结构两方面的方法应对挑战。必须采用可持续性做法，将基础设施系统设计成能保护自然环境、抵御自然和人为灾害，确保后代能使用和享受今天我们所建设的成果，就像我们从前辈们那里获得好处一样。此外，应在联邦层面资助研发新的、更有效的方法和材料，来建设和维护国家基础设

施。可持续发展不仅将保持我们今天享受的高质量生活和
环境，也将改善未来的条件。

增强联邦、州、地方基础设施规划

　　各级基础设施投资，必须按照在充分考虑国家愿景和
关注全系统产出两方面都得以很好构思的规划来加以优先
考虑和执行。规划的目标应该以货物和乘客的机动性、多
式联运、水的使用、环境管理工作、促进恢复能力和可持
续性为中心。规划应反映更加清晰的有关联邦、州、地方
和私营机构的角色和责任，逐步完善规章制度，为解决最
紧迫的问题设置优先权和集中投资。规划也应补充我们有关
经济增长、领导能力、资源保护、能源独立自主、环境管理
等方面内容广泛的国家目标。基础设施规划应与地方土地
使用规划、有关法规、奖励措施相协调，以促进结构和非
结构的解决方案，缓解因基础设施容量的增长而带来的发
展需求。

注重寿命周期费用和持续性维护

　　当建设和修复基础设施时，须对所有基础设施系统履
行生命周期费用分析工作，并从以下几方面加以说明：最
初的建设、运行、维护、环境、安全性和工程生命期内其
他合理的预期费用，如从自然或人为灾害的破坏中的恢复
费。另外，应要求基础设施业主进行持续性评估和维护，
以使系统功能保持在安全和符合要求的水平。生命周期费
用分析、持续性维护、有计划的更新其结果，将使基础设
施系统更具可持续性和可恢复性，确保其能满足未来使用
者的需求。

增加和提高所有利益相关者对基础设施的投资

各级政府、业主和使用者必须继续恪守他们对所有类别基础设施投资的承诺。对所有可用的融资选项，必须加以开发和讨论。当可持续发展和持续性维护是在行进中时，如果我们要进行必要的长期改善，就必须投入有效的资金。用于增强国家基础设施可操作性、安全性和可恢复性等方面的关键性投资被扣留的时间越长，未来的费用和失事的风险也越大。我们必须开发和批准创新的融资方案，不仅使资源容易获得，而且还要鼓励对这些资源最实际、最有效的利用。联邦投资必须用于补充、奖励、调节从州等各级地方政府以及私营机构募来的投资。除此以外，基础设施的使用者必须愿意为他们的使用支付适当的费用。

这五个关键解决方案是对改善国家基础设施的规划、建设、维护所提出的全面性的建议，但它们必须在某种程度上加以应用，以满足各类别独特的需求。

水与环境
大坝

大坝：相关事实

随着大坝服役时间增加和下游的不断开发，存在缺陷大坝的数量已增至4000多座，其中高危大坝1819座。过去6年内，每修复1座缺陷高危大坝，就会有2座以上大坝宣称出现劣化。美国现有85000多座大坝，其平均服役寿命仅为51年。

水与环境 · 大坝

2009年评价等级：D

A = 优
B = 良
C = 中等
D = 差
F = 不合格

美国基础设施
平均等级　　**D**

对大坝5年预估投资

总投资需要
125亿美元

估计支出
50.5亿美元

项目资金缺口
74.5亿美元

提升等级办法

★ 提倡或要求开展有效的国家大坝安全项目，提供足够的资金、人员和法规方面的支持；

★ 到 2011 年之前，为每座高危大坝制定紧急处置方案；

★ 设立国家和州政府基金项目，用于非联邦所属大坝的修缮工作；

★ 将大坝溃坝淹没区列入国家水灾保险计划；

★ 对公众进行大坝安全风险教育；

★ 鼓励个人要熟悉掌握附近区域内大坝的地理位置和状况。

概　况

大坝带给我们诸多便利，包括饮水、发电、防洪、灌溉和休闲。他们可以为联邦、州级、城市和自治市等公有和运行，也可以为企业、公司等私有。一般土石坝或混凝土坝坝高可达 231 米，库容可达 38 亿多立方米。大坝的"潜在危害"等级是根据大坝失效后产生的预期后果，而不是大坝运行状态来划分的。等级包括："高危"（大坝失效会出现人员伤亡）、"显著危害"（破坏建筑和重要基础设施）和"低危"（大坝损坏或者洪泛区破坏，但不会造成人员伤亡）三个等级。

美国陆军工程兵团（USACE）掌握的国家大坝清单（NID）显示，美国大坝数量已增至 85000 多座，但是隶属联邦政府掌控或调节的仅占 11%。确保国家其他大坝安全运行的责任则落到了各州的大坝安全项目部。但是许多州级大坝安全项目部并没有配备足够的资源、资金或人员进行大坝安全检查，采取合适的监管措施，或者也没有通过方案审查和施工指导的方式确保大坝的合理建设。譬如，德克萨斯州大坝安全项目部仅有 7 名工程师，年预算为 435000 美元，而监管大坝的数量却达 7400 多座。这就意味着每名工程师要负责 1050 多座大坝的监管工作。更糟糕的是，阿拉巴马州辖区内尽管有 2000 多座大坝，但是根本就未设立大坝安全项目部。还有些州，当地法律特别指定部分大坝是免检的，因为其坝高小于 10m。对于这些州来说，执行大坝安全监管任务是一项艰巨的挑战。（见表 1.1）

表1.1　美国需进行维修的有缺陷大坝数量统计表

年份	存在缺陷的大坝	有缺陷的高危大坝	已修补的高危大坝	需修补的高危大坝
2001	1348	488	124	364
2002	1536	646	163	483
2003	2004	648	120	528
2004	3000	979	100	879
2005	3271	1367	138	1229
2006	3346	1308	139	1169
2007	4095	1826	83	1743

引自：国家大坝安全官员协会

　　大坝总量不断增加，高危大坝也正在以惊人的速度持续增加，现在高危大坝数量已经达到了15237座。也即意味着：自2007年以来新增超过3300多座新"高危"大坝。这是由大坝下游新型水电建设开发导致的，显著增大了大坝的失效风险，需要对大坝重新进行危害等级评级。考虑到大坝失效后损失更为严峻，需要制定更加严格的安全标准对大坝进行等级评定。不安全大坝或有缺陷大坝的数量已经从2005年的3500座上升为2007年的4095座，其中被评为"高危"的、有缺陷的大坝数量已经从2005年的1367座增加至2007年的1819座。最能表征国家大坝运行状态的指标如表1.1所示，表中对需要修葺的高危大坝的增长量与已经完成修缮的高危大坝数量进行了对比，后者变化趋势平稳。大坝维修率显示了需要修复的高危大坝数量的状况。需要维修的大坝数量与实际已经修复的大坝数量之差正在显著增加。由于服役年限增加、劣化和缺乏维护，部分大坝注定会出现缺陷。但大部分情况下大坝被如此定性，是由于我们科研工程人员对大型洪水、地震以及对大坝在此极端事故（巨大安全威胁）条件下结构性能预测能力的增加所致。许多三四十年前采用当时最先进科技建造的大坝，经过40多年的运行记录，加上我们对大坝承荷能力以及对大坝应对这些极端事件的性能变化更为准确的预测，才导致越来越多的大坝被定为不安全或有缺陷的。

> 许多州级大坝安全项目部并没有配备足够的资源、资金或人员进行大坝安全检查，也没有采取合适的监管措施，或者也没有通过方案审查和施工指导的方式确保大坝的合理建设。

由1996年《水资源开发法案》成立的国家大坝安全计划部（NDSP），建立了国家大坝安全项目，由联邦紧急事务管理署管理，设立该署是为了向各州提供激励性资助和鼓励科研培训。尽管成立国家大坝安全计划部、加强各州项目管理后，取得了一些成绩和进步，但是国家大坝的安全状况并没有整体改善。这些成绩主要体现在部分州的项目管理部门在人员、预算以及大坝安全检查等方面投入的小幅增加。

应急行动计划数量也在不断增加，即应对大坝失效后通知大坝下游居民并配合其疏散的基本预案。但是，从全国来看，设立了应急行动计划的高危大坝数量仍仅占50%。更为糟糕的是，许多高危大坝根本无人监管。在过去5年内，约有30%的高危大坝没有进行过检查。（见图1.1）

美国85000座大坝中仅有少量由联邦管理部门监管，

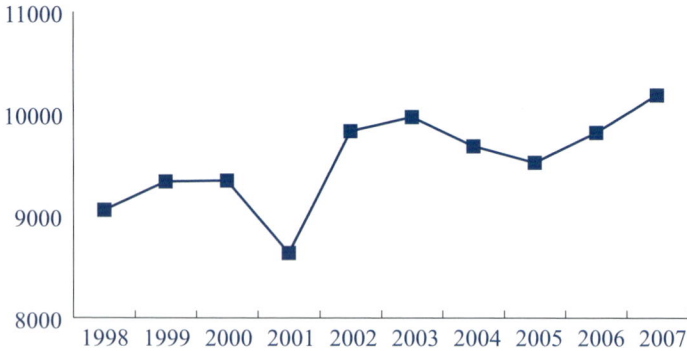

图1.1 美国高危大坝数量

然而，由于疏忽的原因，它们的安全也面临着严峻的挑战。随着大坝的老化、下游开发的跟进以及更先进科技的发展，将需要开展更大规模的修复工作。典型实例包括：美国陆军工程兵团所属的狼溪大坝修缮花费了 3.17 亿美元，由美国陆军工程兵团和美国垦务局共同所属的福尔瑟姆大坝预计到 2019 年将花费 15 亿美元。

2009 年，国家大坝安全委员会（ASDSO）预计，修复国家所有大坝总计需 500 亿美元，修复高危大坝总计需投资 160 亿美元。这与 2003 年国家大坝安全委员会报告提出的数字有了显著提高，当时所需预算分别为 360 亿美元和 101 亿美元。

2009 年报告还提到在未来 10 年内还要求增加 120 亿美元投资，用于修复已积压的4095 座缺陷大坝。那就意味着，除了上述提到需要修复的大坝外，每年还要增加 279 座高危大坝进行修复，即每年额外要增加 8.5 亿美元投入。为了解决另外的 2276 座有缺陷但不是高危的大坝，每年还需要

美国自然资源保护署★流域治理项目

1948 年以来，美国农业部自然资源保护署（NRCS）就向当地流域资助者提供了技术和资金支持，帮助修建 11000 座大坝（主要用于防洪、供水和流域梯级稳定），其中大部分大坝都是因为《流域管理和防洪法案》（P.L. 83–566）才建造的。考虑到这些流域上建造的大坝每年经济效益显著，因此需要对数以千计的大坝进行修复，其中 1065 座大坝已经超过了其设计的服役年限，到 2015 年还会增加 4300 座；此外，由于下游的发展极大地加剧了溃坝后果，大坝安全标准更为严苛，依次还有 1000 多座大坝也需要进行修复。

美国自然资源保护署已经成功实施了一项方案，即提供评估、规划、设计和建设资金资助，以帮助在全美范围内开展艰巨的流域大坝修复任务。该项目之所以取得成功，主要归结于美国自然资源保护署、本地赞助商、州级大坝安全委员会的通力合作以及国会的领导和资金支持。设计和建设资金实现成本共享，即自然资源保护署承担 65%，当地分担 35%。截至今日，已经修复了 77 座大坝，另外 55 座大坝已经获准修复，还有 31 座大坝处于规划阶段。

国会在致力于大坝修复方面继续扮演着领导者的角色，在 2008 年农业方案中批复 1 亿美元资金，并在 2008—2012 财年又核准 8500 万美元以供流域修复项目的合理支出。在接下来的四年（2009—2012 财年），自然资源保护署预计会对 400 座大坝进行评估，审核 250 多项当地资助请求，制定 200 项修复计划，完成 170 项设计并修复 120 座流域大坝。

增加 3.35 亿美元、未来 10 年总计约 34 亿美元的投资。

　　自实施国家大坝清单项目以来，在确认国家大坝运行状况方面已经取得了较大进展，2008 年田纳西州发生的大坝屯积电厂粉煤灰事件，揭示了联邦和州政府在与电力和矿业相关的大坝调控水平上还存在巨大差距。部分州政府并没有调控矿业大坝的部门，其他一些州政府仅在采矿完成后才对其进行管理，而还有一些州政府是通过其他部门而不是大坝安全部来对矿业大坝进行监管。在联邦政府层面，对煤矿、金属／非金属矿的设计、检查和对高危大坝提供紧急法案的要求等监管标准方面，存在显著差异。

恢复能力

　　由于仅少数大坝含有超静定结构，大部分大坝通常是难以恢复的。受区域状况影响，仅 50% 高危大坝建有紧急行动方案。美国国土安全部通过基建保护办公室，与大坝安全委员会、联邦和州政府机构，以及所有业主和经营者联合，已开始共同应对这一问题。鉴于大坝数量如此之多且大坝恢复水平不一，现在正在研究一套合理的解决方案，将大坝保护措施与提升大坝恢复水平相协调。现在正在考虑，当大坝某一功能（饮水、发电、防洪、内陆航运）失效后，大坝的重要力学与功能特性（例如大坝失效后果与重要功能失效后果）就会作为判定基础，来确定哪座大坝产生的影响最为严重、最为持久。在风险评估过程中，通过考虑其对公共安全、地方经济、服务业等多方面的影响，就可以制定有效策略以提升大坝恢复水平、改善大坝安全。

等级提升案例研究

拜尔县，德克萨斯州 ★ 马丁内斯河 5 号大坝

马丁内斯河大坝建于 1964 年，主要用于农田保护。自此，该区域日趋发展，大坝形成的湖泊也成为活橡树城市公园的一部分。马丁内斯河大坝危险等级从低危升至高危后，该县官员就向自然资源保护署小流域修复项目部申请对该坝进行修复。对大坝进行加高、溢洪道升级改造后，工程师预计该坝还可以再服役 100 年。

灵武德，新泽西州 ★ 蓝天湖大坝

随着一系列严重的洪水泛滥，导致 35 座大坝发生溃坝事件，新泽西州设立了大坝修复资助项目。新泽西州通过了两项债券法案，向新泽西州环保部、

大坝安全和防洪局提供 1.1 亿美元，以低息贷款的形式用于大坝修复工程。迄今为止，已完成 24 座大坝修复，包括 19 座高危大坝；29 座大坝正在进行修复，其中包括 10 座高危大坝；还有 45 座大坝其中包括 11 座高危大

坝正处于规划设计阶段。蓝天湖大坝业主向新泽西州项目部提出了申请，并获得90万美元的资金资助，用于混凝土溢洪道重建和土堤稳定加固，以备暴雨季节进行坝顶溢流。

桑多瓦尔县，新墨西哥州★自然资源保护署大坝修复

就在新墨西哥州的阿尔伯克基城外，皮德拉·利兹大坝辖区内今日的受众人数已是二十世纪五十年代刚修建时的7倍之多。早在2000年的分析就表明大坝内存在缺陷，倘若大坝失效，该区域内的1700多位居民和25号州际公路上的43000多名乘客都会遭殃。2005年桑多瓦尔县向自然资源保护署小流域修复项目部提出资助申请，2007年修复工作已全部完成。

结 论

　　尽管取得了一些成绩，但是近些年来国家大坝的整体状况并没有得到改善。存在缺陷和需要修复的大坝数量日益增加，尤其是高危大坝数量的增加，以及每年实际修复的大坝数量更是有限，都充分说明了这一点。为了显著改善国家大坝状况，这一点于公众健康、安全和生活福利至关重要，国会、管理部门、大坝安全计划部以及大坝业主们需要制定一项有效的检查、监管和资助计划，以扭转大坝设施劣化日益加剧的不利局面。

参考文献

[1] Association of State Dam Safety Officials. *National Dam Safety Program Successes and Challenges* (2003).

[2] Association of State Dam Safety Officials. *State and Federal Oversight of Dam Safety Must Be Improved* (2007).

[3] Association of State Dam Safety Officials. *Statistics on Dams and State Safety Regulation* (2007).

[4] Association of State Dam Safety Officials. *The Cost of Rehabilitating Our Nation's Dams: A Methodology, Estimate and Funding Mechanisms* (2002; rev. ed., 2008).

[5] Association of State Dam Safety Officials. News Archives. 21 October, 2008. http://www.damsafety.org.

[6] Federal Emergency Management Agency. *Availability of Dam Insurance, A Report to Congress* (1999).

[7] Federal Emergency Management Agency. *Federal Guidelines for Dam Safety* (2004).

[8] Federal Emergency Management Agency. *Draft Report: Dam Safety in*

the United States, Progress Report on the National Dam Safety Program Fiscal Year 2006 and 2007 (2008).

[9] Federal Emergency Management Agency. *Emergency Action Planning for State Regulated High-Hazard Dams; Findings, Recommendations and Strategies* (2007).

[10] Federal Emergency Management Agency. *Dam Safety and Security in the United States: A Progress Report on the National Dam Safety Program Fiscal Years 2004 and 2005.*

[11] Federal Emergency Management Agency. *Interagency Committee on Dam Safety Agency Report on the Implementation of the Federal Guidelines for Dam Safety.*

[12] Federal Emergency Management Agency. *The National Dam Safety Program: 25 Years of Excellence* (2005).

[13] United States Department of Agriculture, Natural Resources Conservation Service (NRCS) Watershed Rehabilitation Program. http://usda.gov/programs/WSRehab/.

Other Resources:

National Research Council of the National Academies, Washington, D.C., *Assessment of the Bureau of Reclamation's Security* program, (2008).

U.S. Army Corps of Engineers. *National Inventory of Dams Overview* (2007).

水与环境
饮用水

饮用水：相关事实

　　为了更换临近使用寿命的老化设备，使其符合现行和未来的联邦水务规定，美国饮用水系统面临每年约 110 亿美元的财政缺口。这还尚未考虑未来 20 年饮用水需求增加带来的费用。每天水管渗漏会损失掉约 70 亿加仑的清洁饮用水。

A = 优
B = 良
C = 中等
D = 差
F = 不合格

美国基础设施平均等级　　**D**

对饮用水和污水5年预估投资

总投资需要
2550亿美元

估计支出
1464亿美元

项目资金缺口
1086亿美元

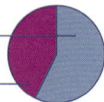

提升等级办法

★ 以综合性联邦项目的形式，增加水务基础设施系统改进及相关工作的资金；

★ 通过《清洁水法案》和《安全饮用水法案》，设立水务基础设施信托基金，填补国家在基础设施系统投入的资金缺口，包括雨水管理及其他改善国家水质的项目等；

★ 采取一系列资助机制，比如一般财富基金拨款、发行国债、州级和地方免税资助、公—私合伙制、州级基础设施银行，以及对部分消费品用户收费和其他创新性资助机制等，包括征收以应对水污染、废水管理和治理以及雨水管理等广泛的环境生态重建税。

概　况

　　未来 20 年，美国饮水系统面临巨大的公共投资需求。尽管每年美国在基础设施上投入数十亿美元，但仍然面临每年约 110 亿美元的财政缺口，用于更换临近使用寿命的老化设施，使其满足现行和未来的联邦水务规定。这还尚未考虑未来 20 年饮用水需求增加带来的费用。

　　在近 53000 套社区饮水系统中，约有 83% 饮水系统的服务对象不超过 3300 人。这些系统的供水人群仅占全美社区饮水体系总人数的 9%。相对而言，8% 的社区供水系统的供应人群超过 10000 人，占总的饮用水供水人群的 81%。85% 的非暂时性和非社区供水系统以及 97% 的暂时性非社区供水系统服务的对象不超过 500 人。面对着越来越多的联邦饮用水管理规定，这些小型供水系统面临着巨大的财政、技术和管理挑战。

　　2002 年，美国环境保护局（EPA，以下亦简称为"美国环保局。）发布了《清洁水和饮用水基础设施缺口分析报告》，明确了 2000—2019 年期间项目需求与支出之间的潜在资金缺口。据该报告估计，未来 20 年的饮用水经费支出、系统运行和维护等存在的资金缺口在 450 ～ 2630 亿美元之间，具体取决于开支水平。仅资金需求一项就缺口 1610 亿美元。2003 年国会预算办公室（CBO）总结认为：目前从各级政府和纳税人收缴的税收募集的资金将不足以满足美国未来饮用水基础设施的需求。国会预算办公室估计，未来 20 年美国饮用水投资需求应该在 100 ～ 200 亿美元之间。

等级提升案例研究

奥兰治县，加利福尼亚州★地下水补给系统

据奥兰治县水资源部门预计，到2020年，整个州都将面临水资源短缺的问题，相当于400～1200个四口之家一年的用水需求。为满足日益增长的用水需求，并降低从北加州和科罗拉多河引入水源的依赖，奥兰治县给水管理区开发了"地下水补给系统"（GRS），即取用经过高度处理的污水，将其净化至满足州级和联邦饮用水的标准。地下水补给系统供水将比海水淡化供水便宜35%～75%，且净化过程能耗仅为后者的一半。图片由奥兰治县给水管理区友情提供。

1996 年，国会颁布了《饮用水州级循环贷款基金项目（SRF）法令》。该项目授权美国环保局向各州开展年度资本拨款奖励计划。然后，各州利用该奖励资金（外加 20% 的州配套资金）向公共饮水系统提供贷款和其他援助。各社区偿还贷款至该基金，这样就补充了该基金并可向其他社区项目提供资金资源。符合条件的项目包括安装和更换治理设施、饮水系统分布以及其他一些储存设施等。如若需要使老化设备达到现行或未来的公共健康保护目标，老化基础设施更换项目也符合该要求。然而，联邦资助与现实需求并不匹配。1997—2008 财年期间，国会拨付了约 95 亿美元的州级循环贷款基金，据 2002 年国家环保局估计，这 11 年期间的拨款总和仅仅只比每年的资金投资缺口略多一点。

表2.1　饮用水系统设计寿命

组成	设计寿命（年）
水库和大坝	50 ～ 80
处理厂—混凝土结构	60 ～ 70
处理厂—机械和电气	15 ～ 25
干管	65 ～ 95
泵站—混凝土结构	60 ～ 70
泵站—机械和电气	25
管网	60 ～ 95

源自：美国环保局清洁水和饮用水基础设施缺口分析报告，2002 年 9 月

表2.2　用水量：1950年和2000年

	1950	2000	变化百分比
人口（百万）	93.4	242	159%
用量（十亿加仑/天）	14	43	207%
单位资金用量（加仑/人/天）	149	179	20%

源自：美国环保局清洁水和饮用水基础设施缺口分析报告，2002年9月

恢复能力

饮用水系统提供了极其重要的公共卫生功能，对生活、经济发展和增长都是必不可少的。饮水服务功能的中断会妨碍灾变响应和恢复工作，将公众暴露于水传播污染的危险中，还可能破坏公路、建筑物和其他基础设施，危机生命并导致数十亿美元的经济损失。

美国的饮水系统并不是完全可靠，目前在预防饮水系统中断、合理维护或重建服务方面所做的工作还不够。此外，投资的缺位和对能源部门的过度依赖，进一步削弱了综合饮水系统的恢复能力。目前，正在采取一些措施来应对这些缺陷，包括在重要的饮用水公共设施处建设专门的应急发电厂，增加与临近应急发电厂的联系，制定安全与临界应急准则。投资的优先秩序必须考虑以下几个因素：饮水系统的漏洞、相互依存度、基于市场机制的饮用水效率的提高、系统的稳固性、系统的冗余度、系统崩溃产生的后果、恢复的难易程度与成本等。

问题不在于联邦政府是否该为改善饮水系统承担更多的责任，而在于怎样才能承担更多的职责！

等级提升案例研究

路易斯市，肯塔基州 ★ 美国复苏和再投资法案基金

路易斯市水务公司已建议提供1100万美元，用于资助那些可作为2009年《美国恢复和再投资法案》（P.L.Ⅲ–005）基金资助的项目。该项目将对75英里长的供水干管进行修复，以延长供水系统的使用寿命，减少供水干管破裂现象。此外，还将更换9.5英里长的供水干管以改善水质，满足消防流量要求和减少维护。该项目总共将新增101个工作岗位。

安吉利斯港，华盛顿州 ★ 市区水管项目

2008年，安吉利斯港完成了对市区供水干管和人行道路面的更换工作。更换供水干管后，大大提升了该市区的供水系统服务等级，满足了消防流量标准，降低了地震风险，并有助于预防供水干管因老化产生的破坏现象。最初的供水干管安装于1914年。与更换供水干管同时进行的，还用铺路机对许多人行道路面进行了更换，提升了市容市貌。而且，还为街道和行人照明布置了新的管道和线路。

照片由安吉利斯港市友情提供。

结　论

　　未来 20 年内，重要的饮用水和废水系统投资需求接近 10 亿美元。未来 20 年内若达不到该投资需求，则将面临过去 30 年来在公共卫生、环境和经济增长方面取得的成就被扭转的风险。若联邦政府不提升其在饮水基础设施资助方面职能的重要性，则不会获得重要的投资。可行的办法包括财政投资、信托基金、贷款和激励私人投资等。问题不在于联邦政府是否该为改善饮水系统承担更多的责任，而在于怎样才能承担更多的职责！对联邦投资的需求是迫切的，投资需求是空前巨大的；在许多地方，期待当地投资独自支撑是不能满足这一挑战的，且水资源是跨地方和州际共享的，所以，联邦政府的支持将使全国都受益。清洁、安全的水资源于国家的重要性并不亚于国防系统、完整的州际公路系统和安全高效的航空系统。后面这些基础设施项目都享受着持续、长期的联邦基金支持，而根据现有政策，饮用水和废水基础设施却不然。

参考文献

[1] Congressional Research Service, *Safe Drinking Water Act: Selected Regulatory and Legislative Issues*, April,2008.

[2] U.S. Environmental Protection Agency, *The Clean Water and Drinking Water Infrastructure Gap Analysis*, September,2002.

[3] U.S. Congressional Budget Office, *Future Investment in Drinking Water and Wastewater Infrastructure*, May, 2002.

[4] G. Tracy Mehan, Testimony before the Subcommittee on Water Resources and Environment, U.S. House Transportation and Infrastructure Committee, February,2009. http://transportation.house.gov/hearings/hearing.aspx.

水与环境
有害废弃物

有害废弃物：相关事实

过去五年，棕色地块的二次开发创造了约 191338 个新的工作岗位，并且每年为当地带来约 4.08 亿美元的额外财政收入。然而，2008 年美国有 188 个城市的棕色地块等待清理和再开发。此外，用于清理全国危害等级最高废弃地块的联邦基金"超级基金"已经日趋减少，2008 年已降至 10.8 亿美元，是 1986 年以来的最低水平。

水与环境·有害废弃物

2009年评价等级：D

A = 优
B = 良
C = 中等
D = 差
F = 不合格

美国基础设施平均等级 **D**

对有害废弃物和固体废弃物5年预估投资

总投资需要
770亿美元

估计支出
336亿美元

项目资金缺口
434亿美元

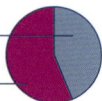

提升等级的有效办法

★ 重新核准化工、石油方面的联邦"超级基金税"，或者创建一个新的联邦资助机构，用来重振"超级基金"有害物质清理项目，并且削减掉有害物质清理服务方面的公共基金开销；

★ 执行立法—激励方案，例如，奖励内容包括：考虑环境成本，从源头减少有害废物的排放，开展再利用方案的设计；

★ 制定《棕色地块复兴和环境恢复法案》，以帮助地方重建棕地；

★ 继续资助现有的联邦计划，以支持美国的棕色地块复兴；

★ 环境保护局要创建一个棕色地块再开发行动资助计划，为当地政府提供投资基金，该项基金要允许私人投资作为可以调动的资产，用以帮助保护农田和空地。

概　况

超级基金

由于国会于 1980 年 12 月制定了《综合环境反应、补偿与责任法》（简称 CERCLA 或《超级基金法》），在全国数千污染场地开展纠正措施。然而，近 30 年来联邦付诸精力开展的清理污染点行动对缓解该问题只起到了甚微的作用。截至 2008 年 11 月，1255 处污染站点被列入国家优先项目清单（NPL），只是相对于 2004 年的 1273 处略微下跌，另有 9957 处站点等待评估并且有可能会被列入上述名单中。

虽然污染站点的数量保持相对稳定，但联邦资助在过去 20 年里却逐渐地减少。当《综合环境反应、补偿与责任法》颁布之后，美国依据该项法律建立了超级基金的信托基金，该基金是由环境所得税以及对石油及指定化学品征收的消费税共同构成的。该信托基金授权收集税收的立法权限于 1995 年 12 月 31 日过期，在此之前，每年可以征收到大约 15 亿美元的资金。虽然目前有提议指出恢复该类税款，但很少有立法行动。目前污染站点清理工作仍然是通过超级基金持续的拨款得到资助。

1981 财年到 2005 财年之间，国会从超级基金拨款 293 亿美元以援助有害废弃物场地的清理，其中数十亿美元被用来清理泄漏的地下储油罐和棕色土地站点。美国各个州也贡献了数十亿美元的资金开展有害废弃物的清理工作。尽管有害废弃物清理工作的资金需要不断壮大，但是自从 1998 财年拨款超过 20 亿美元后，近年来每年国会为超级基金的拨款额度正在逐步下降。2007 财年和 2008 财年的超级基金拨款数额均为 10.8 亿，是自 1986 财年的最低水平。较高水平的融资方式已经在过去的两年中提出，但由于不健全的国会拨款程序，尚未走到立法的地步，导致目前的融资水平相对于前些年有些止步不前。

2004 年美国环境保护局（EPA）的报告提出，根据国家废弃物站点清理计划显示，在未来 25 年估计多达 350000 处污染站点需要清理。假设现行的法规和惯例保持一致，清理这些站点的费用将高达 2500 亿美元。更新的数据尚未发布，但是当考虑到通货膨胀的因素，清理费用可能比当前预计的要高很多。

同时，清理的步伐正在放缓。在 90 年代大多数年份，美国环境保护局声明平均每年完成清理建设工作的站点达 70 多处。然而，自 2000 年以后，新落成站点的数量急剧减少。在 2003 财年只有 40 处具有不良资产背景的站点完成清理，此外，美国环境保护局的报告指出，在 2007 年和 2008 年分别只有 24 处和 30 处的污染站点被清理完成。

> 2007 年，150 多个城市已成功重建了 1578 处棕地站点，超过 10000 英亩的土地恢复了经济生产能力。这些举措给 62 个城市新增 4.08 亿美元的市政收入和超过 191338 个工作岗位——相对于 2004 年 0.9 亿美元的市政收入和 83000 个工作岗位是急剧增加的。

棕色地块

在全国各地，成千上万的前工业和商业用地可能含有有害废弃物，这些土地处于闲置状态并且亟待修复。这些被遗弃的或未充分利用的大多数地块处于城市地区。资源、

斯魁姆湾，华盛顿州 ★河口恢复

坐落于该地区的木材产业枢纽达一个世纪，位于华盛顿州西北地区的斯魁姆湾入海口遭到了泥沙沉积污染和生态环境恶化的境况。在获得美国环境保护局的棕地清理基金资助，并在州、地方和私人利益相关者的支持下，詹姆斯敦的克拉姆部落开始了河口自然环境恢复工作，这是整个斯魁姆湾清理计划的一部分。该项目共清理了 99 根用于屯储待运出海木材的杂酚油桩、受污染淤泥和固体废弃物，有 82 英亩区域恢复了自然生态系统。自 2005 年清理工作完成后，该地区正感受着旅游和垂钓带来的经济增长。

照片由詹姆斯敦的克拉姆部落友情提供。

工业、技术和财富等条件的改变是环境恶化和经济活力丧失的首要原因。修复棕色地块，可以改善卫生条件，确保公共安全，提高环境效益，促进经济发展。

一项出自"全美市长会议"的调查结果显示，2008年，全美范围内的188个大中城市中共有24896处棕色地块场地亟待重建。此外，150多个城市已成功重建了1578处棕地站点，超过10000英亩的土地回归了经济生产能力。这些举措给62个城市新增4.08亿美元的市政收入和超过191338个工作岗位——相对于2004年0.9亿美元的市政收入和83000个工作岗位是急剧增加的。

清理的步伐正在放缓。在90年代大多数年份，美国环境保护局声明平均每年完成清理建设工作的站点达70多处。然而，自2000年以后，新落成站点的数量急剧减少。

188个城市的闲置棕地站点中，其中148个城市指出如果这些棕色地块被重建，可产生共576373个新的工作岗位以及每年不少于19亿美元的财政收入。

通过"全美市长会议上"的鉴定，认为影响重建最严重的障碍是资金问题以及环境影响评价的不足、拆迁款的缺乏以及责任问题。目前，150个城市中的3282处棕地站点已经被"封存"，指定由开发商或业主进行设计开发，没有机会再被重建。

普罗维登斯，罗德岛州★棕地清理

　　数十年的工业活动在普罗维登斯市中心形成了一个约 7 英亩，饱受铅、砷和其他有害物质污染的区域。2006 年，一个名为"会议街"（Meeting Street）的公益组织，从美国环境保护局获得了 20 万美元的棕地清理基金资助用于污染场址整治。该组织还从政府和私人机构获得了部分资助，用于筹建一个新的教育设施中心。按照《能源和环境设计标准》（LEED）的最高标准建造，该教育中心包括一所小学、一所中学，面向残疾人和低收入学生提供特殊服务，还包括其他供社区使用的便利设施。照片由美国环境保护局友情提供。

恢复能力

　　为了达到具有恢复力的状态，棕色地块必须是可持续发展的，确保当前和未来几代人的需要得到满足。未来的

投资必须解决这些场地包括创新技术、安全性、生命周期维护等方面的问题。一个具有恢复力的战略能够同时满足处置和清理现有的棕地站点，也可以帮助提高在创建和定位新的废弃物处置设施方面的公众认知。

结 论

全国范围内的有害废弃物场地改造拥有巨大的经济增长和社区重建潜力。然而，如果整治资金不增加、整治的步伐不加快，我们将很难从改造中得益。要恢复这些污染场地至安全及可使用的状态，公共和私营机构必须共同努力。

参考文献

[1] U.S. Conference of Mayors, *Recycling America's Land: A National Report on Brownfields Redevelopment Volume VII*, January, 2008.

[2] Budget of the United States Government,Government Printing Office Access: http://www.gpoaccess.gov/usbudget/browse.html.

[3] U.S. Environmental Protection Agency, National Priorities List, U.S.: http://www.epa.gov/superfund/sites/npl/index.htm.

[4] U.S. Congressional Research Service, *Superfund Taxes or General Revenues: http://Future Funding Issues for the Superfund Program*, February, 2008.

[5] U.S. Environmental Protection Agency, *Cleaning up the Nation's Waste Sites*, 2004: http:// www.clu-in.org/download/market/ 2004market.pdf.

[6] U.S. Environmental Protection Agency, Superfund National Accomplishments Summary, 2008: http://www.epa.gov/superfund/accomp/ numbers08.htm.

[7] U.S. Environmental Protection Agency, Clean-up Success Story Pages: http:// www.epa.gov/brownfields/success/success_cleanupss.htm.

水与环境
堤坝

堤坝：相关事实

在全国约 160000 公里的堤坝中，超过 85% 为地方所有和维护。部分堤坝的可靠性尚不得而知。许多堤坝已经服役超过 50 年，修建的初衷主要是农作物防洪。随着堤坝内的建设和发展，堤坝破坏后危及公共健康和安全的风险正在逐步增加。粗略估计，需 1000 多亿美元资金对全国范围内的堤坝进行维修和改造。

水与环境·堤坝

2009年评价等级：D–

A = 优
B = 良
C = 中等
D = 差
F = 不合格

美国基础设施平均等级　**D**

对堤坝5年预估投资

总投资需要
500亿美元

估计支出
11.3亿美元

项目资金缺口
480.87亿美元

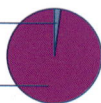

提升等级办法（遵从2009年堤坝安全委员会提出的以下建议）

★ 成立全国堤坝安全委员会；

★ 完成全国联邦与非联邦所属现存堤坝的清查工作，堤坝数量必须定期更新和维护；

★ 采纳潜在风险等级评价体系；

★ 编制有影响力的教育和宣传计划，告知当地政府和居民其附近堤坝对他们的保护作用；

★ 强制购买防洪险。

概　况

　　国家堤坝状况对公众安全至关重要。堤坝是沿着河道修建的人工挡水障碍物（堤防、防洪墙和建筑物），主要用于防飓风、防暴雨和防洪。堤坝通常作为建筑体系的一部分，建筑体系不仅包括堤坝和防洪墙，还包括水泵、内置排水系统、渗控体系和交通设施等。许多堤坝已成为保护区内经济发展的一部分。

　　与初始建造成本相比，目前联邦所属堤坝系统在应对洪灾时发挥的作用是原来的 6 倍。尽管如此，到目前为止仍未收集到相关堤坝基线的系统资料，通过堤坝检查、灾后性能观察和测量，可以找出最关键的堤坝安全问题、量化堤坝安全的真实成本、优先考虑未来资金资助方向以及以最经济有效的方式为风险评估提供数据支持。

　　目前对美国现存多少堤坝并无任何确切的记录，有关这些堤坝现在的运行和性能状况也没有任何的评估报告。最近国家大坝安全官员协会与国家泛洪区管理协会联合开展的一项调查发现，仅 10 个州保存有该辖区内的堤坝清单，仅 23 个州设立了相关堤坝安全责任机构。据联邦紧急事务管理署（FEMA）估计，在全国 3147 个县中，约 22% 的县内修有堤坝。美国 43% 的人口居住在筑有堤坝的县内。许多堤坝都是几十年前为了保护当时的农业和农村才修建的，而不是为了保护现在堤坝后面的家园和商业才建造的。

　　自 2005 年卡特里娜和丽塔飓风过后，国会在 2007 年通过了《水资源发展法案》（WRDA）。法案要求对所有的联邦与非联邦所属堤坝进行清查和维护，各州和地方政府应自觉提供相关信息。该堤坝库存清单应该是一个综合性的地理信息数据库，由美国陆军工程兵团（USACE）、联邦紧急事务管理署、国土安全部（DHS）和各州共享。联邦紧急事务管理署已经开始对全部联邦所属堤坝的清查工作，迄今为止，仅有少数几个州或地方政府提供了正式的信息资料，清查工作远没有结束。此外，有关联邦与非联邦所属堤坝的运行状况调查，还有许多工作要做。2009年2月，联邦紧急事务管理署的初步统计结果显示，联邦检查的堤坝中有超过半数不存在任何缺陷，有177座堤坝（约占9%）预计在洪灾中会发生溃堤事件。堤坝清单数据收集工作仍在继续，预计随着工作的深入这些前期成果会不断发生变化。

2007年通过的《水资源发展法案》还首次设立了一个委员会，为国家堤坝安全计划献计献策。国家堤坝安全委员会于2009年1月完成工作，专题小组建议在全面、持续的领导下，通过设立新的可持续的州级堤坝安全计划，调整现有联邦项目，以改善堤坝安全状况。

表4.1　堤坝相关区域洪灾破坏情况统计

位置/年	破坏情况（以美元计）
中西部，1993年	272,872,070
北达科他州，1997年	152,039,604
卡特里娜飓风，2005年	16,467,524,782
中西部，2008年	583,596,400
源自：国家堤坝安全委员会	

通常人们并不知晓生活在堤坝后面的风险，对可能发生的洪灾也存在误解。为此，人们甚少关注公众应该采取

何种措施以降低其生活风险。尽管很多人相信，发生百年一遇的洪水只是小概率事件，但事实上，在人生 30 年中发生洪水的概率至少为 26%。气候变化很有可能会增加海岸暴雨的强度和发生频率，从而增大洪灾发生几率。

> 目前对美国现存多少堤坝并无任何确切的记录，有关这些堤坝现在的运行和性能状况也没有任何的评估报告。

1968 年，国会启动了国家洪水保险计划项目（NIFP），其主要目的之一就是解决公众在洪灾中无力承担其私有财产损失风险的问题。国家洪水保险计划将百年一遇洪水发生区域指定为特殊洪灾区，在此区域内持有联邦政府抵押贷款的市民必须购买该防洪险。尽管无意成为安全标准，但是防止百年一遇洪水已成为诸多堤坝的设计目标，因为对于生活在这些堤坝后面的居民来说，它一方面允许经济继续发展，同时又可以使他们免于购买强制防洪险。让堤坝仅简单达到国家洪水保险计划的最低要求，无意中已成为了现在的防洪保险安全标准，而这是非常危险的。

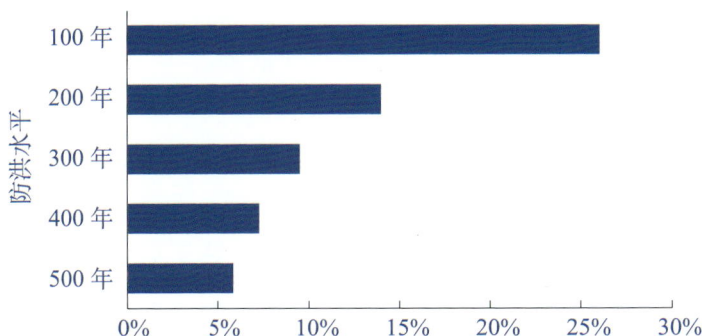

图4.1　住宅30年抵押期内发生堤防失事/洪水概率

　　在过去50年内，堤坝在保护耕地方面取得了重要进展。由于没有对堤坝进行很好的维护，堤坝安全问题的持续发展将民众和基础设施置于危险之中，即修筑堤坝促进了泛洪区的经济发展，反而不经意间增大了洪水风险。堤坝区域内的人口和经济的不断发展被视为是国家洪水风险计划考量中最重要的影响因素，其影响程度已超过发洪几率增加和堤坝状况劣化带来的不利影响。不幸的是，在修筑堤坝保护耕地的同时，并不是时常都考虑了该流域的相关利益，也未能控制好洪灾风险。

　　此外，若对堤坝的库存情况缺乏全面的了解，则难以掌握堤坝的具体位置、性能和运行状况等相关信息。由于政府缺乏远见、技术标准的缺失以及未能及时有效告知公众生活在堤坝后面的风险，导致进一步将人们的生命和财产安全置于洪灾危险之中。

　　最后，联邦紧急事务管理署制定的洪灾地图更新计划，采用现代科技对泛洪区进行了更新，促成了对全美范围内的堤坝再次进行检查，以确定这些堤坝是否还有用。在对堤坝进行评定之前，联邦紧急事务管理署会要求一些团体对其进行论证，即该堤坝是否达到抵御百年一遇洪水的设计标准。

　　当发生洪灾时，购买防洪险是降低经济损失的最有效方式，且有助于受灾区的快速恢复重建。目前，许多居住在堤坝后面的居民认为他们并不需要购买防洪险，而是相信堤坝会保护他们免遭洪灾。要求购买防洪险主要是为了提高人们的认识：即使生活在运行维护良好的堤坝

等级提升 案例研究

美国★全国堤坝安全委员会

几十年来一直无视国内堤坝的安全和运行状况，直到 2007 年，美国国会才认识到了联邦堤坝安全项目的缺失对国家安全产生的威胁。作为《水资源发展法案》的一部分，美国陆军工程兵团负责该项目实施准则的制定并于 2009 年 1 月发布了该报告。该项目与全国堤坝库存清单一起，在保护全国堤坝区后生命和财产安全方面迈出了重要的一步。

加利福尼亚州★堤坝投资

与其他各州相比，加利福尼亚州（以下简称"加州"）境内的堤坝数量最多。但是加州境内的堤坝体系十分脆弱且部分堤坝存在溃坝风险。据估计，若将加州境内的堤坝和防洪系统升级改造至良好状态，约需 422 亿美元。为应对该问题，2006 年 2 月，时任州长阿诺德·施瓦辛格宣布加州堤坝处于紧急状态。2006 年，该州选民同意对该州的堤坝进行全面维修和改造，并批准发行了价值数十亿美元的债券，开启了堤坝筹资进程。照片由加州水资源局大坝安全部水资源处提供。

等级提升 案例研究

密西西比河★护堤

自 1885 年起，美国陆军工程兵团就开始对密西西比河沿岸 1000 多英里的堤坝进行加固工作，以防止堤坝冲刷并保护堤后人民财产安全。经过这么多年，兵团已经形成了一套以混凝土为底垫防止水土流失的堤坝防护方案。时至今日，新奥尔良州辖区内约 95% 的堤坝已经进行了加固，往北可延伸至开罗、伊利诺伊州，而今天我们要做的就是对上世纪已完成的工程进行维护而已。下面照片所示的是：美国陆军工程兵团在伊利诺伊州普瓦德拉的密西西比河沿岸进行混凝土护岸垫下沉工序。照片由《工程新闻纪录报》的新奥尔良记者 Angelle Bergeron 友情提供。

后面也存在洪灾风险。这样可能有助于鼓励各社区按百年一遇（已被误当作最低防洪标准）以上的防洪标准来建造堤坝。

恢复能力

堤坝的主要目的是为了保护公众和重要基础设施的安全以及防止洪水侵入。随着堤坝区后经济的蓬勃发展，堤坝溃坝带来的公众健康和安全风险进一步加大。为了应对国内堤坝体系恢复能力不足的现状，国土安全部（DHS）已将堤坝体系纳入重要基础设施保护计划内，以明确哪些堤坝对国家形成的威胁最大。国土安全部还资助了相关研究，以增强堤坝的坚固性，譬如，对堤坝坡段进行加固，当洪水水位超过设计高程时，可以抵抗洪水侵袭；目前也正在研发相关科技，一旦堤坝出现缺口，可以进行快速修复。为了进一步确保堤坝体系完整稳固，未来还需要增加相关方面的投资，如寿命周期维护、科研、堤坝保护区内的应急行动计划和安全措施等。

结 论

目前美国国内数万英里的堤坝状况仍然不明。堤坝区后众多居民的生命和财产安全问题不容忽视。鉴于堤坝溃坝对其后众多生命和财产安全的重要影响，尤其是堤坝溃坝产生的严重后果，以及财产等重要经济损失，使解决堤坝问题刻不容缓。

参考文献

[1] U.S. Army Corps of Engineers, SummaryInformation from U.S. Levee Inventory.

[2] Lee Bowman and Thomas Hargrove, ScrippsHoward News Service, "America's Neglected Levees Put Millions in Danger," July, 2008.

[3] U.S. Senate Testimony by Gerald Galloway,October 2, 2007.

[4] Federal Emergency Management Agency,"The National Levee Challenge: Report of the Interagency Levee Policy Review Committee," September, 2006.

[5] National Committee on Levee Safety "Recommendations for a National Levee SafetyProgram," January, 2009.

[6] Peter Eisler, "Army Corps Cracks Down onFlunking Levees," *USA Today*, February, 24 2008.

[7] Angelle Bergeron "Technique Conquers Allas Long-Running Job Nears End," *Engineering News-Record*, January 19, 2009.

水与环境
固体废弃物

固体废弃物：相关事实

2007 年，美国产生了 2.54 亿吨市政固体废弃物，其中超过 1/3 是回收或再利用废弃物，相比 2000 年增长了 7%。过去 20 年以来，人均产生的垃圾量基本保持不变。尽管如此，电子垃圾数量却在日益增加，并缺乏统一的处置管理办法，这会使得填埋场堆满大量有害物质和重金属，严重威胁公共安全。

水与环境 · 固体废弃物

2009年评价等级：C+

A = 优
B = 良
C = 中等
D = 差
F = 不合格

美国基础设施
平均等级 **D**

对有害废弃物和固体
废弃物5年预估投资

总投资需要
770亿美元

估计支出
336亿美元

项目资金缺口
434亿美元

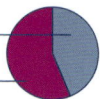

提升等级办法

★ 实施废弃物管理的整体研究，减少废弃物填埋厂的数量，增加原材料的回收和再循环，从而控制因填埋产生的温室气体排放；

★ 鼓励利用更多填埋废弃物产生的气体来进行能量转换，以此来降低温室气体的排放，开发新能源资源；

★ 反对以立法限制城市固体废弃物在州际间向新的填埋场转移，这样符合所有联邦的要求；

★ 拓展可供选择性应用的覆盖面，引入外来液体物资，变更作业流程，以此来提升固体废弃物填埋的效率；

★ 实现源头减量政策，倡议更好的设计、包装并且延长商品的有效期；

★ 制定国家标准，适当、有效、高效率地促进电子垃圾的回收和循环利用。

概　况

据美国环境保护局（EPA）公布，城市固体废弃物（MSW），俗称废品或垃圾，其中包括日常生活垃圾和商业废品，这些都存放在填埋场。然而，其中一些填埋场还会接受非固体废弃物，如建筑垃圾、污水污泥及其他的有毒材料。

2007 年，人均制造的固体废弃物达到平均每人每天4.62 磅，与 2000 年的 4.65 磅相比略有减少。人均的垃圾产量总体变化不大，而城市固体废弃物的产量随着人口数的增长而持续上升。据美国环境保护局称，2007 年美国制造了各种各样的固体废弃物。从 2000 年的 2.39 亿吨增长到2007 年的 2.54 亿吨，其中包括家庭、企业、建筑工地和其他地方所产生的城市固体废弃物。

在 1986 年的美国，城市固体废弃物的填埋场有 7683所。在 1991 年 10 月，美国环保局采用了严格的新联邦法规对填埋场进行设计和运作，以降低因填埋有毒材料造成的地下水污染。到 1992 年，美国填埋场的数量下降到了5345 所；而到 1995 年，美国环保局对填埋场的统计只剩3581 所。2007 年，该机构只统计到了 1754 所填埋场，在 20年内减少了约 77%。据美国环保局称，由于新的填埋场要比以前的大得多，所以整个国家对城市固体废弃物的处理能力仍保持着相对稳定。2006 年，美国固体废弃物管理协会估计以美国目前的处理能力是可以应对接下来的另一个 20 年。

在 2007 年，固体废弃物的产量高达 2.54 亿吨，其中有 33% 即 0.85 亿吨的固体废料被循环利用或者用于堆肥，2000 年时这个比重为 30.1%；13% 即 0.32 亿吨在工厂被焚

等级提升 案例研究

旧金山，加利福尼亚州★食物残渣转移计划

旧金山的食物残渣转移计划项目，作为大型城市类似项目的首创，每年转移出超过10万吨食物残渣，从填埋场分离出堆肥材料用于各种有益项目。食物残渣转移项目的商业和农业价值包括可食用食物再分配、动物口粮、现场和集中降解、转换成能源以及油脂制备生物柴油等。

烧，转废为能（WTE）；54%即1.37亿吨被送进垃圾填埋场进行填埋，而这一数据在2000年为55.3%。

虽然再循环率的上升是一个鼓舞人心的消息，但是电子设备废弃物的处置不当以及填埋场散放温室气体这些问题都给环境治理带来了不断的挑战。

据美国环保局估计，在2005年，电子电器的废弃物（WEEE）总量约为200万吨，其中大部分是丢弃在垃圾填埋场，只有34.5～37.9万吨被回收利用了。即将报废的电子产品中可能含有铅等有毒材料，如果没有进行处理和妥善的处置这将会给环境带来危害。而如今，电子电器废弃物的回收处理还没有国家的标准做参照，不协调的规定条例让消费者对其回收利用望而却步。

2006 年，与人类活动相关的甲烷气体排放量有 23% 来自城市固体废弃物填埋场，这让填埋场成了制造甲烷的第二大源头。这种填埋场释放的气体可以被收集并转换成可用能源。尽管有这样的机会，但在 2007 年年底的时候只有 457 个堆填气体（LFG）项目运行。这些项目每年生产大约 110 亿千瓦时的电力，每天提供约 2.36 亿立方英尺的天然气供应设备直接使用。据美国环保局估计，目前超过 500 个站点是能量转换项目的优秀备选点，但其较高的启动成本限制了这一项目的扩大。

恢复能力

尽管这些填埋场的运营都依赖于能源和道路等基础设施，但在这样一个系统中，固体废弃物的处置设备仍然保持着活力。然而，受填埋场污染的空气和地下水，对周围社区的影响显著却又不好衡量，并且恢复原貌是需要漫长的等待和昂贵的代价。此外，填埋场在回收作业时虽然扮演着重要的角色，但若没有适当的处置方案，清理和重建工作就会受到阻碍。

在未来的投资项目中必须考虑到新兴技术，并专注于行为的转变，如能源的转换、垃圾的回收利用，以此来减少浪费、提高效率。

**等级提升
案例研究**

**奥兰治县，佛罗里达州★奥兰治县
垃圾填埋场**

　　奥兰治县垃圾填埋场是佛罗里达州的第三大填埋场，1998年发起了一项填埋场天然气能源项目的设计活动。电厂供电约13000多户，满负荷运行时每年可减少甲烷排放近31000吨。每年奥兰治县从填埋场天然气受益40万美元。照片由美国土木工程师协会Debra R. Reinhart博士友情提供。

在 2007 年，固体废弃物的产量高达 2.54 亿吨，其中有 33% 即 0.85 亿吨的固体废料被循环利用或者用于堆肥，2000 年时这个比重为 30.1%；13% 即 0.32 亿吨在工厂被焚烧，转废为能（WTE）；54% 即 1.37 亿吨被送进垃圾填埋场进行填埋，而这一数据在 2000 年为 55.3%。

结　论

创新技术和废弃物回收利用，让国家废弃物处理系统的安全性、可持续性以及有效性方面都有所提高。虽然缺乏长期的策略来解决大量增长的电子垃圾和能源浪费的行为，这也预示着我们需要不断地对新政策和管理实践进行研究。

参考文献

[1] U.S. Environmental Protection Agency, *Municipal Solid Waste Generation, Recycling, and Disposal in the United States: Facts and Figures for 2006*, November,2008.

[2] National Solid Wastes Management Association, *What is a Solid Waste Landfill*, November, 2006. http://wastec.isproductions.net/webmodules/ webarticles/anmviewer.asp?a=1127.

[3] U.S. Environmental Protection Agency, Statistics on the Management of Used and End-of-Life Electronics. http:// www.epa.gov/epawaste/ conserve/materials/ecycling/manage.htm.

[4] Government Accountability Office, *Electronic Waste: EPA Needs to Better Control Harmful U.S.Exports through Stronger Enforcement and More Comprehensive Regulation*, August, 2008.

[5] U.S. Environmental Protection Agency, Landfill Methane Outreach Program, Basic Information. http://www.epa.gov/outreach/lmop/ overview.htm#methane.

水与环境
污水

污水：相关事实

　　老化的输水系统每年向美国地表水排放数十亿加仑未经处理的污水。据美国环境保护局（EPA）预计，未来20年内国家必须投入3900亿美元，用于更新或者更换现有的输水系统并建造新的输水系统以满足日益增长的用水需求。

水与环境·污水

2009年评价等级：D–

A = 优
B = 良
C = 中等
D = 差
F = 不合格

美国基础设施平均等级　　**D**

对饮用水和污水5年预估投资

总投资需要
2550亿美元

估计支出
1464亿美元

项目资金缺口
1086亿美元

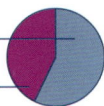

提升等级办法

★ 通过一个综合的项目来增加水基础设施系统及其相关联操控系统方面的资金投入；

★ 创立水利基础设施信托基金以弥补国家在《净水法案》及《健康饮用水法案》方面——包括洪水管理及其他工程设计等基础系统资金投入的不足，提高国家的水质；

★ 保留国库拨款、公债券发行、州政府或地方方面的免税融资、公私合营、政府基建银行及固定消费品的使用费等传统合理的筹款机制；

★ 扩展包括环境恢复税等方向的创新资金机制。

66

概　况

自 1972 年以后，国会用于公共污水处理厂及相关设备方面的直接投资多于 770 亿美元。多年以来，州和地方政府的花费也达到了十亿美元。1991 年至 2005 年间用于下水管及其供水方面的总的非政府开销为 8410 亿美元。然而，数十年来，由于在工厂、设备及改良型资产方面投入的不足，导致国家 16000 套的污水处理系统中的许多套的实际条件是达不到要求的。

2008 年，美国环境保护局报道说，自 2004 年 1 月到现在美国公共污水处理厂（POTWs）的投资需求为 2025 亿美元。该现象表明，自 2004 年 1 月发布的分析数据以来，相关投资每年呈现 161 亿美元的增长（增长率为 8.6%）。

在 2002 年，美国国会预算办公室（CBO）推算出从 2000 年到 2019 年，每年用于污水净化系统投资的花费在 130 ～ 209 亿美元之间。

许多系统已经临近了设计寿命的年限。旧的系统受到大暴雨及大量的冰雪融水引起的长期泛滥的困扰，进而导致将未经处理的污水排放到了地表水中。据美国环保局在 2004 年 8 月发布的评估报告称，每年全国范围的污水溢流量为 8500 亿加仑。由于管道堵塞及破损造成的生活污水溢流，导致每年多达 100 亿加仑未经处理污水的增长。

隶属国家净水循环基金（SRF）计划下的联邦基金近十年来一直保持相同的水准，导致联邦的援助跟不上需求的步伐，尽管每届政府都承认该项基金的需求一直都居高不

> ## 等级提升案例研究
>
> ### 圣地亚哥，加利福尼亚州★市北水回收厂
>
> 圣地亚哥市的用水90%靠引进，为满足未来用水需求、降低对引入水的依赖性，该市筹建了市北水回收厂，向灌溉、园林绿化和工业用水供水。这一最新设施每天可处理3000万加仑的污水，通过79英里的输送管道可向用户输送回收水。回收水的输送管道、喷灌头、电表箱以及其他灌溉设施都标记为紫色，以示与饮用水系统区别开来。水处理设施的供电由米拉玛的垃圾填埋场和MBC（机械—生物—清洁发电）消化池产生的甲烷天然气供应。照片由圣地亚哥市友情提供。

下。据美国环保局和国家相关部门在2003年8月份完成的评估，美国需要额外投入1810亿美元用于各项污水处理计划。

2002年9月，美国环保局发布了一项详细的缺口分析，对当前污水基建开销和总的基金需求之间的差距进行了评估。该分析表明，在接下来的二十多年中，美国必须花费3900亿美元替换现有的污水基建系统并建成新的系统。一些项目的总支出款项并不适宜于联邦基金，比如系统替换

计划类的支出，该项基金并未在美国环保局国家需求调查中反映出来。

通过缺口分析可知，如果每年的投资金额没有任何增加，将会在每年污水处理资本支出（每年 130 亿美元）和计划投资需求之间产生 60 亿美元的缺口。该研究估计，如果每年的污水处理花费增加 3%，这个缺口将会每年缩减 90%（每年大概 10 亿美元）。

2002 年，美国国会预算办公室（CBO）发布了自己的缺口分析报告，根据财务及核算的多变性，每年污水治理的缺口在 230 ～ 370 亿美元之间。

恢复能力

污水处理基建设施的建设、运营、维护及重建成本是很昂贵的，当基建失败的时候，付出的财政和社会性代价是很大的。老化、安全系数不够、未能适当地维护致使每年数以亿计加仑未经处理的污水排放到地表水中。

就现有的基金支持力度，以及维持、防止失败和重建的能力来说，国家污水处理系统不够稳定，恢复能力不足。此外，能源领域的相互依存关系越来越有利于增强系统的应变能力，通过在关键污水公用设施场地建设专用紧急发电设备增强了系统的弹性。

据美国环保局发布的评估报告称，由于管道堵塞及破损造成的生活污水溢流，导致每年多达 100 亿加仑未经处理污水的增长。

等级提升 案例研究

马里斯维尔，华盛顿州★透水地砖

不是采用传统的沥青材料，华盛顿马里斯维尔市取而代之铺设了透水地砖，作为阿希大道（Ash Avenue）的停车换乘设施材料。这不仅更能吸引车辆驻足停留，铺设的透水地砖还能让暴雨渗透至地表。由于再也不需要积水潭，这一措施还拓展了更多的停车空间。照片由 Mutual Materials 和 UNI-GROUP U.S.A. 友情提供。

华盛顿特区★污水分离工程

哥伦比亚约 1/3 地区的供水都是由一根污水和雨水汇流的管道提供。旱季时，污水流向蓝原（Blue Plain）处理厂。但是在雨季时，来自阿纳卡斯蒂亚地区的雨水和污水都会流经这一管道，特大暴雨时该管道容量就会捉襟见肘。为防止该管道污水和雨水倒灌至用户和街道，污水系统将该混和径流排至阿纳卡斯蒂亚河。尽管未经处理的污水已经被雨水稀释，但是这一做法仍不可取。

为改善阿纳卡斯蒂亚河的环境状况，华盛顿地区污水处理机构（WASA）正与业主和企业一起，致力于将这两种径流分离开来，采用单独管道输送。针对用户，华盛顿地区污水处理机构完全是免费的。照片由华盛顿地区污水管理局友情提供。

未来的投资主要集中于以下几个方面：首先，更新和替代现有的系统及建设新的系统以满足日益增长的需求；其次，改进不间断的监管、评估及资产管理操作规程；最后，采取更广泛的全流域视角去协调系统地对待水资源。

结　论

在接下来的 20 年里，如果国家不能满足投资的需要，将会对过去三十年的公众健康、环境及经济成果造成危害。

增加财政投资的案例是令人瞩目的，因为对投资的需求巨大且前所未有；在许多地方，本地的资源并不能满足这些挑战，因为水流可能穿过本地及各州的边界，联邦的帮助将会使整个国家受益。干净安全的水资源依旧是比国防、足够的州际公路及安全有效的防空系统更受人关注的重点。许多其他具有高重要性的基建项目通常通过信托基金的应用享受持续的、长期的联邦支持，在当前的政策下，水资源及污水处理基建方面却没有。

参考文献

[1] U.S. Conference of Mayors, *Who Pays for the Water Pipes, Pumps and Treatment Works? —Local Government Expenditures on Sewer and Water (1991—2005)*, 2007. http:// www.usmayors.org/ urbanwater/ 07expenditures.pdf.

[2] U.S. Environmental Protection Agency, *Clean Watersheds Needs Survey 2004 Report to Congress*, January, 2008.http:// www.epa.gov/owm/mtb/ cwns/2004rtc/toc.htm.

[3] U.S. Environmental Protection Agency, *Clean Watersheds Needs Survey 2000 Report to Congress*, January 2004. http://www.epa.gov/owm/mtb/ cwns/2000rtc/toc.htm.

[4] Congressional Budget Office, *Future Investment in Drinking Water and Wastewater Infrastructure*, May, 2002. http://www.cbo.gov/ftpdocs/34xx/ doc3472/Water.pdf.

[5] U.S. Environmental Protection Agency, *The Clean Water and Drinking Water Infrastructure Gap Analysis*, September, 2002. http://www.epa.gov/ OWM/gapreport.pdf.

[6] G. Tracy Mehan, Testimony before the Subcommittee on Water Resources and Environment, U.S. House Transportation and Infrastructure Committee, February, 2009. http://transportation.

交通
航空

航空：相关事实

　　尽管油价一路飙升、信贷市场动荡不安、经济持续低迷，但根据美国联邦航空管理局（FAA）的预测，未来航空交通每年仍将保持 3% 的增长率。由于长期拖延改进陈旧的空中交通管制系统，以及未能制定联邦航空管理计划，未来旅行者将面临更多的航班延误和其他不利情况。

交通·航空

2009年评价等级：D

A = 优
B = 良
C = 中等
D = 差
F = 不合格

美国基础设施平均等级 **D**

对航空5年预估投资

总投资需要
870亿美元

估计支出
463亿美元

项目资金缺口
407亿美元

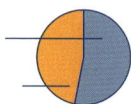

提升等级办法

★ 通过运行美国联邦航空管理局的新一代航空运输管理系统来实现空中管制系统的现代化；

★ 通过增加对航空用户的收费来满足建立综合机场系统的国家计划；

★ 提高旅客设施使用费上限值；

★ 机场和航空信托基金只用于平衡空中飞行设施、机场基础设施和改进项目的花费，不用于安全防护消费；

★ 通过保持现在的防护方式，防止信托基金收入投资偏离航空运输系统的既定方向；

★ 通过增加授权担保基金来缩小年度基金缺口；

★ 简化环境许可流程以缩减新建或升级机场设施所需时间。

概　况

美国国内和国际航空旅行已从"9·11恐怖袭击事件"影响的低迷中摆脱出来，反弹到了一个新高度。2000年美国国内与国际航班的旅客总数为6.692亿，但到了2006年已增加至7.447亿；仅2007年一年就增加了0.25亿，达7.696亿；然而，航空燃料费的急剧增加以及近期经济的低迷，使航空旅行的需求降低。因此，2008年10月美国国内国际航班旅客数比2007年10月降低了7.1%。2008年1—10月，一共有6.301亿乘客，与2007年同期相比下降了2.6%。尽管如此，据估计2009年航空旅行将增长。据2008年3月的最新预测，美国国内航空旅行年增长率为2.9%，国际航空旅行年增长率为4.8%。

美国联邦航空管理局的目标是，确保处于综合航空系统计划中的机场不低于93%的跑道保持良好或正常条件。这个目标在2007年超额实现了，这一年79%被评定为良好，18%被评定为正常，仅3%被评定为差。然而，2007年的跑道入侵数量从2006年的330个增加到370个。由于2008年美国联邦航空管理局改变了对跑道入侵的定义，这个数目将可能增加得更多。跑道入侵是指，飞机准备起飞时、飞机起飞时、飞机准备降落时、飞机降落时，非正常出现在地面的飞机、设备、人或事物引起飞机发生碰撞的事件。

每年该行业除了在空中交通管制人员直接控制上的消费外，花在防止飞行器延误控制上的经费多达数亿美元。2007年航班准点率为73.3%，为历史上倒数第二的一年。而最差的一年是2000年，为72.6%。目前交通控制系统仍是过时的、低效的，因此更应努力实现其现代化，以弥补航班延误的不足。美国联邦航空管理局正致力于运行新一代航空运输管理系统。然而，旷日持久的美国联邦航空管理局拨款国会授权制度，在国内机场赞助商间引起拖沓及混乱。

一个新的廉价、低成本的航空公司经营模式正在取缔旧的经营模式。2000年至2006年之间，美国航空公司经营额为279亿美元，净亏损额为362亿美元。然而，从2000年以来，2007年第一次净盈利58亿美元，并且货运净盈利14亿美元。虽然新航空公司的运营模式需要耗费更多的燃料，并引入了更高效的飞机至国家空管系统，但只有在美国联邦航空管理局及其他赞助机构投资采取减少航班延误的新技术和建立起可增加容量及确保安全的基础设施后，商业企业才能使用这种运营模式。为了迎接这些挑战，国家航空系统必须采取更加灵活的方法，同时确保用于此类基础设施建设的资本充足可用。保持国家航空系统的完整性需要不断更新技术和一笔稳定且可观的资金，这是普遍的共识。美国联邦航空管理局预计从2009年至2013年，5年间需要497亿美元。机场理事会一项最新的《关于2007—2011年国际机场开发成本的评估报告》显示，这5年美国机场开发总成本为874亿美元，每年为175亿美元（按通货膨胀率4%调整）。

表7.1　美国客流量机场前10名，2006—2007年

排名	地址	机场
1	亚特兰大	哈兹菲尔德－杰克逊国际机场
2	芝加哥	奥黑尔国际机场

排名	地址	机场
3	洛杉矶	洛杉矶国际机场
4	沃思堡	达拉斯 / 沃斯堡国际机场
5	丹佛	丹佛国际机场
6	纽约	约翰·肯尼迪国际机场
7	拉斯维加斯	迈卡伦国际机场
8	菲尼克斯	菲尼克斯天空港
9	休斯顿	乔治·布什洲际 / 休士顿机场
10	纽瓦克	纽瓦克自由国际机场

来源：美国交通部，交通统计局，2008 年

　　总体来说，用于机场基础设施建设及改进的资金来源有四个：机场现金周转；财政收入和普通责任债券；联邦、州、地方补助，包括机场改进项目补助；另外还有旅客设施使用费。各机场间的这些资金来源各不相同。从 2001 年开始，每年机场改进项目的财政拨款超过 30 亿美元，并且在过去的五年里旅客设施使用费每年总计超过 20 亿美元。每年机场改进项目补助与旅客设施使用费总额占美国机场资本花费的 40%。从 1990 年开始，在年度拨款基金中，机场资金需求在 55 亿至 73 亿美元之间。对于机场改进项目，国会授权的有效期至 2007 年 9 月，因此，该项目在不断讨论决断中实施，使得难于制定长期性的计划。

　　机场所有权的不完整给机场扩容建设带来了挑战。当地政府和相关私营部门代表了大多数航空运输基础设施所有者和投资者的利益，他们主要关注于自己的需求，却把

等级提升案例研究

西雅图 / 塔科马，华盛顿州 ★ 西塔国际机场

作为最为繁忙的 10 大机场之一，西塔机场每年约有 44% 的时间都会由于能见度低导致航班延误。然而，现存的两条跑道由于相隔太近，在能见度低的天气情况下飞机不能同时降落。耗资 11 亿美元新修建的跑道解决了这个问题，设计该跑道的初衷就是尽可能地降低航班延误率达八成，节约之前航班延误造成数百万美元燃油费的浪费，减少温室气体排放数千吨。照片由西塔机场友情提供。

芝加哥，伊利诺伊州 ★ 芝加哥奥黑尔国际机场

2004 年，鉴于芝加哥奥黑尔国际机场的航班延误情况极其严重，以致影响到了机场的正常运行，美国联邦航空管理局（FAA）对其给予了航空警告的处分。新修建的跑道——该机场的第七条、也是 1971 年以来修建的唯一一条，隶属于一个更大的、耗资 150 亿美元的扩建项目的一部分。

当初设计该跑道就是用来容纳波音 747 这样的大型飞机，该跑道将主要用于恶劣天气下飞机的抵达降落。根据美国联邦航空管理局的消息，修建该跑道促进该机场摘掉了被航空警告的帽子，将减少 40% 的航班延误班次，每年还可以额外增加 52000 次航班。照片由芝加哥市友情提供。

国家需求及大众广泛的需求放在次要位置。根据综合机场系统的国家计划，在美国现有 3356 个为公共所有及使用的机场的基础上，正在建议增加 55 个。这些机场中有 522 个为商业服务型机场，其中 383 个机场被划分为主要机场，因为它们的旅客人数每年都超过了 10000 人次。

表7.2　美国货运流量机场前10名，2006—2007年

排名	地址	机场
1	阿拉斯加州，安克雷奇	特德·斯蒂文森·安克雷奇国际机场
2	田纳西州，孟菲斯	孟菲斯国际机场
3	肯塔基州，路易斯维尔	路易斯维尔国际机场
4	佛罗里达州，迈阿密	迈阿密国际机场
5	加利福尼亚州，洛杉矶	洛杉矶国际机场
6	印第安纳州，印第安纳坡里斯	印第安纳坡里斯国际机场
7	纽约州，纽约	约翰·肯尼迪国际机场
8	伊利诺伊州，芝加哥	芝加哥奥黑尔国际机场
9	新泽西州，纽瓦克	纽瓦克自由国际机场
10	加利福尼亚州，奥克兰	大都会奥克兰国际机场

来源：美国交通部，交通统计局，2008 年

恢复能力

在提供快速运输货物及乘客服务的同时，航空业得到旅游业的支持，使得航空业已成为国家经济活力增强的重要支柱；同时由于航空运输便捷、节省时间及费用，使得航空运输在众多运输方式中成为大家的首选。因此，飞机失事的后果很严重。此外，恐怖分子的威胁、航班的延误、燃料价格的波动导致该行业波动。在更加复杂的航空系统里，恢复能力不仅仅是技术与设施的更新，以后的投资必须考虑到动态系统，即变化、安全、容量、生命周期、技术革新及冗余。

	延误占比 %
天气	67.98
容量	22.74
设备	0.95
跑道关闭	5.81
其他	2.52

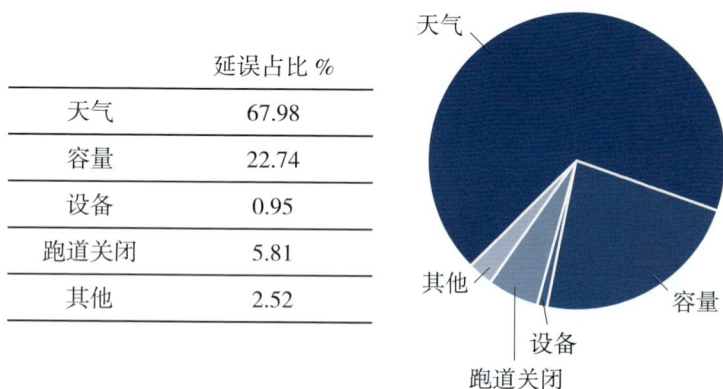

图7.1 国家航空系统延误原因

结 论

正当工业从"9·11恐怖袭击事件"中复苏的时候，飙升的油价、不稳定的信贷市场、落后的经济给工业带来了新的打击。近期美国联邦航空管理局预测每年3%的航空旅行

等级提升案例研究

洛杉矶，加利福尼亚州★中央滑行道，洛杉矶国际机场

1991 年，洛杉矶国际机场（LAX）经历了一次史上最为严重的跑道事故——一架美国航空公司的波音 737 和一架天西航空的飞机相撞。自此之后，洛杉矶国际机场的每年跑道入侵率连续领跑本国纪录，其中几起还被美国联邦航空管理局列为会引起航空事故的严重潜在威胁。新筹建的中央滑行道已完成预算且比计划进度提前了 4 天，主要用于改进机场安全性，充当南边两条跑道之间的缓冲带以减少跑道入侵事故。飞机着落之后，引航员会引导飞机停留在该滑行道上，等待清理、横穿进入里面的跑道。照片由洛杉矶国际机场友情提供。

纽瓦克，新泽西州★新一代地基增强系统，纽瓦克自由国际机场

2008 年 12 月，纽瓦克自由国际机场联合纽约和新泽西港务局、美国联邦航空管理局、美国大陆航空公司以及霍尼韦尔国际公司宣称，它将成为美国第一个测试一项新的、减少航班延误的卫星导航技术的主要枢纽。

地基增强系统（GBAS）将取代现在的雷达技术，使用地面天线和卫星传输数据，这可以防止信号因高山、高层建筑物和其他障碍物而被阻挡。使用该技术后，飞机无需直线着陆，从而提高了机场效率和飞机导航精度。这项新的地基增强系统将被安装在机场，其中美国大陆航空公司将选出15架飞机安装该设备，并培训引航员使用该新系统。预计到2009年年末，该项系统就可以实施运行。照片由纽约和新泽西港务局友情提供。

增长、联邦项目授权的延误、过期飞行设备控制系统的更新威胁着该系统满足美国人民需求及美国经济发展的能力。为了保持成功，美国航空系统需要一个强健且灵活的联邦领导，对机

上图为费城国际机场航空拥堵情况，照片由网站 skyscrapersunset.com 马修·约翰提供

场基础设施建设投入大量精力，同时积极研发新一代航空运

输管理系统。

参考文献

[1] Federal Aviation Administration, U.S. Department of Transportation, *Report to Congress National Plan of Integrated Airport Systems(NPIAS) 2009–2013*, September 30, 2008.

[2] Federal Aviation Administration, U.S. Department of Transportation, *FAA Aerospace Forecast, Fiscal Years 2008–2025*, March, 2008.

[3] Federal Aviation Administration, U.S. Department of Transportation, *Capacity Needs in the National Airspace System 2007–2025: An Analysis of Airports and Metropolitan Area Demand and Operational Capacity in the Future*, May, 2007.

[4] Research and Innovative Technology Administration, Bureau of Transportation Statistics, U.S. Department of Transportation, *October, 2008 Airline Traffic Data*, December 11, 2008. Facts About Aviati on:http://www.asce.org/report-card 73.

[5] U.S. Government Accountability Office, *Next Generation Air Transportation System: Status of Systems Acquisition and the Transition to the Next Generation Air Transportation System*, GAO-08-1078, September, 2008.

[6] Statement of Gerald L. Dillingham, Ph.D.,Director of Physical Infrastructure Issues, U.S. Government Accountability Office, Before the Committee on Science and Technology, U.S. House of Representatives, *Next General Air Transportation System: Status of Key Issues with the Transition to NextGen*, GAO-08-1154T, September 11, 2008.

[7] Airports Council International, *Airport Capital Development Costs 2007–2011*, May, 2007.

交通
桥梁

桥梁：相关事实

　　全国有超过 26% 或 1/4 的桥梁，存在各种结构缺陷或功能老化的问题。近年来，尽管我们在减少乡村地区缺陷桥梁或功能陈旧桥梁的数量方面取得了一些成绩，但是在城镇地区这一现象正愈演愈烈。为了明显改善这一现状，每年需投入 170 亿美元。目前，每年仅有 105 亿美元用于桥梁建设和维护。

交通·桥梁

A = 优
B = 良
C = 中等
D = 差
F = 不合格

美国基础设施平均等级 **D**

对桥梁和公路5年预估投资

总投资需要
9300亿美元

估计支出
3805亿美元

项目资金缺口
5495亿美元

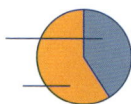

提升等级办法

★ 设立一个国家目标，即到2013年存在结构缺陷或功能老化的桥梁数量低于15%；

★ 各政府层面要大幅提升交通投资，以资助全国有缺陷桥梁的维修、翻新和重建；

★ 实行资产管理办法，在立即纠正问题、采取预防性维护措施、修复有缺陷桥梁和定期更换旧桥等几种措施之间取得一个合适的平衡；

★ 更新桥梁检查标准，在对全国桥梁维修或重建过程中，实施基于风险评估的优先选择办法；

★ 在国家层面增加交通运输长期科研资金，以改善桥梁性能并提升桥梁恢复能力。

概　况

　　美国大部分桥梁都是过去 50 年内修建的，其平均使用年限为 43 年。根据美国交通部资料，截至 2008 年 12 月，全国 600905 座桥梁中有 72868（12%）座存在结构缺陷，89024 座桥梁存在功能过时问题。2005—2008 年期间，乡村地区存在缺陷（结构缺陷和功能过时）的桥梁数量减少了 8596 座。但是，在此期间城镇地区的缺陷桥梁数量却增加了 2817 座。换句话说，2008 年乡村地区约有 1/4 的桥梁存在缺陷，而城镇地区这一数字则为 1/3。鉴于行人数量更多、货运交通更繁忙，城镇受到的影响更为显著。

　　对于存在结构缺陷的桥梁，由于结构承载能力有限，可以根据承载限制条件对其采取封闭或交通管制措施；这些桥梁并非不安全，只是必须设置速度和载荷限制。功能过时桥梁并非不安全，只是设计和构造已过时，并不能满足现今交通流量、车辆和承重的要求。这诸多条件限制不仅造成交通拥堵，也导致了许多不便，如迫使救护车不得不迂回行进、校车线路延长等。过去 20 年内卡车的里程翻了一番，卡车载货量也在增加，货车数量的增加是导致美国桥梁劣化的一个重要原因。每年桥梁通行里程达 3 万多亿英里，其中 2230 亿英里来自卡车。

　　　　2008 年乡村地区约有 1/4 的桥梁存在缺陷，而城镇地区这一数字则为 1/3。鉴于行人数量更多、货运交通更繁忙，城镇受到的影响更为显著。

　　为了应对桥梁修复问题，国家同时启动了联邦和地方资助项目。根据美国国家公路运输官员协会（AASHTO）资料，2004年政府不同层面在桥梁维护方面总计花费了105亿美元。其中，近半（或51亿美元）资助来自于联邦公路桥梁项目部，39亿美元来自各州和地方财政预算，另外还有15亿美元由其他联邦资助项目赞助。据美国国家公路运输官员协会粗略估计，2008年需要花费约1400亿美元，以对全国范围内每座缺陷桥梁进行维修，其中约480亿美元用于维修结构缺陷桥梁，910亿美元用于功能过时桥梁升级改造。美国国家公路运输官员协会还指出，若仅维持现状不变，即保证不再有新的缺陷桥梁增加，未来50年内将总计需要从公共和私人机构募资6500亿美元，即年平均投资需130亿美元。倘若未来50年内缺陷桥梁数量不断增加，为了消除桥梁缺陷，2006年估算总计需投入8500亿美元，等同于年平均投入170亿美元。

恢复能力

我们公路系统内的人员和商品的运输以及应急服务的可靠高效运转取决于国家的桥梁体系，总的来看其恢复能力还是很强的。关键包括三方面：桥梁体系的冗余度，快速恢复能力、安全性和应对（自然和人为）灾害的稳定性，以及单座桥梁的结构冗余度。立交桥通常成对建造，如若其中一座桥梁不能运转，另外一座桥梁可临时承担双向交通。此外，在大多数城镇区域，还有一些桥梁可为交通提供适当的换乘路线。那些重要的桥梁若结构冗余度不够，一旦桥梁关闭，要建立便捷的迂回路线将十分困难。交通

表8.1 美国桥梁数据统计

	1998	1999	2000	2001	2002	2003	2004	2005	2006	2007
桥梁总数	582976	585542	589674	589685	590887	591940	593813	595363	597340	599766
城镇	128312	130339	133384	133401	135339	135415	137598	142408	146041	151171
乡村	454664	455203	456290	456284	455548	456525	456215	452955	451299	448595
结构缺陷桥梁总数	93072	88150	86695	83595	81261	79775	77752	75923	73784	72520
城镇	14073	12967	NA	12705	12503	12316	12175	12600	12585	12951
乡村	78999	75183	NA	70890	68758	67459	65577	63323	61199	59569
功能过时桥梁总数	79500	81900	81510	81439	81537	80990	80567	80412	80317	79804
城镇	27588	26095	29398	29383	29675	29886	30298	31391	32292	33139
乡村	51912	52835	52112	52056	51862	51104	50269	49021	48025	46665

NA＝无数据

犹他州★桥梁快速施工措施

犹他州交通部已在包括77座桥梁在内的19个项目上，采取了诸多加快桥梁建设（ABC）的相关措施。大部分项目采用了预制桥面板进行施工，即在场外浇筑桥面板，然后在短期内（通常是连夜）将其运至施工现场。采用快速桥梁施工措施不仅有助于减少道路封闭时间、压缩施工日程，还有利于提高工程质量，增加司机和施工人员的人身安全。桥梁全跨度场外浇筑和自行式

模块化运输施工方式，已经在四个项目（13座桥梁更换）中得到应用。采用场外预制和自行式模块化运输的施工方式更换桥跨，通常需要一周的时间。以盐湖城往南穿过215号州际公路4500处的桥梁为例，施工时间缩短了120天，节约延时误工费约42亿美元。照片由犹他州交通部友情提供。

北维吉利亚州与马里兰州交界的495号/95号州际公路交汇处★新伍德罗·威尔逊大桥

耗资24亿美元在北维吉利亚州修建的新伍德罗·威尔逊大桥缓解了首都绕城公路（495号/95号州际公路）12%的交通，新增了4条新的转乘线路，解决了东海岸最突出的交通瓶颈问题。1961年，老伍德罗·威尔逊大桥开通后，最初设计流量为每天75000车次，但是随着时间推移交通流量已增至每天近200000车次，其中11%

为大型卡车。起初设计的6车道如今已挤压成8车道，路肩和汇车车道被迫取消，从而导致现在的交通事故率是其他绕城公路段的2倍，救护人员赶往出事地点也被迫延迟。停停走走的高峰时段也导致空气质量下降。作为州际公路体系的9座可动桥跨桥梁之一，每年这座桥梁开合260次也会导致交通延误和拥堵。这诸多问题使得老的桥梁出现功能过时。

新型吊桥比原来桥梁要高6m，桥梁开启次数预计也会降至65次/年，降低75%左右。新建桥梁的路肩将降低交通事故率、提高交通事故管理水平，新的汇车道也会增加安全性。新建桥梁有12车道，包括一边一跨两个快车道，以满足高承载车辆（HOV）通行。该新建桥梁被美国土木工程师协会提名为2008年杰出土木工程成就奖。照片由威尔逊大桥项目部友情提供。

加利福尼亚州奥克兰★麦克阿瑟迷宫大桥修复

2007年4月，一辆满载汽油的油罐车在高架州际公路连接匝道处发生翻车交通事故，大规模爆炸和燃油燃烧导致旧金山海湾地区的麦克阿瑟迷宫大桥部分路段发生扭曲和坍塌现象。为了快速恢复这一运输大动脉的交通和运行，该州采取了非常措施，在破纪录的时间内快速修复了该桥。当时第580号立交桥的钢筋发生扭曲、混凝土出现坍塌，也连带破坏了下面的第880号高架州际公路匝道。要修复如此大规模的破坏，估计得花几个

月的时间，但是鉴于连接匝道对交通的重要性，加州交通部发布紧急令后日夜不息地进行修复。事故发生后仅一周时间，第880号州际公路就完全修复并重新开通了。第580号州际立交桥也仅在26天内就修复完工，这部分归结于每天200000美元的奖金激励，使得修复时间比预期的2个月要提前得多。照片由加州交通部友情提供，约翰·胡斯白拍摄。

拥堵日益加剧，也即意味着重要桥梁一旦关闭，重新改道将导致严重的交通延误。

　　桥梁是根据实际服役过程中桥梁跨度预计会承担的荷载和压力来进行设计的。在结构方面，如今桥梁的结构冗余度更高，纳入了多支梁系统，单个构件失效后还能继续工作。但也有例外，如处于断裂临界状态中的桥梁，因此需要进行更加频繁的监测，以确保它们能继续承受设计的交通荷载。在风险分析体系中，应将桥梁的恢复能力纳入风险分析评估标准，以合理优化方式分配桥梁修复的投资。该投资应该是形式多样的，从非结构措施到结构性措施，从新桥梁的设计到老桥梁的修复和更换等。

结　论

　　尽管近年来我们在全国乡村区域的桥梁修复方面取得了一些成绩，但是城镇区域有缺陷桥梁的数量却持续增加。与此同时，全国桥梁上卡车通行交通也呈上升趋势，由于卡车载货量显著高于普通汽车且对桥梁的磨损要厉害得多，这一点要引起重视。投资差距正逐步拉大，全国桥梁维修投入不够将加剧交通拥堵和延误以及能源浪费，并进一步加速桥梁劣化，增大安全隐患。一旦国会在2009年的地面交通计划授权书中着手应对这些问题，那么国会就应该设定一个目标，即要求到2013年全国范围内被划定为结构缺陷或功能过时桥梁的数量应该低于总量的15%，并提供足够的资金以达到这一目标。

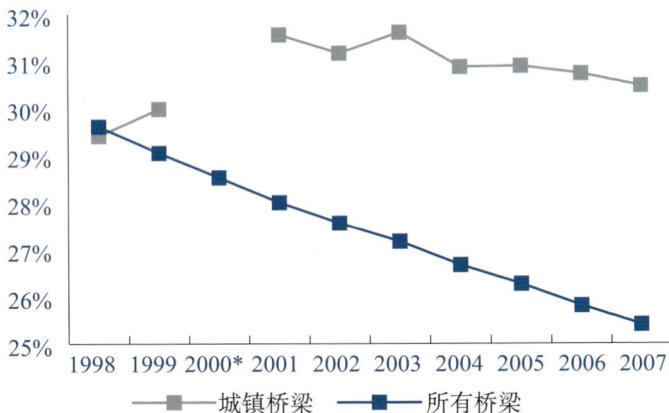

图8.1　美国不同年份修建桥梁所占的比重（2000年数据缺失）

参考文献

[1] American Association of State Highway and Transportation Officials (AASHTO). Bridging the Gap. July, 2008.

[2] Data provided by Federal Highway Administration, U.S. Department of Transportation.

[3] Report of the National Surface Transportation Policy and Revenue Study Commission, Transportation for Tomorrow, December 2007 final report. Volume II, Chapter 4, p. 6.

交通
内陆航道

内陆航道：相关事实

　　一艘拖船的平均货运能力相当于870辆卡车的运载能力。全国内陆航道中仍在使用的257座水闸，有30座建于十九世纪，还有92座服役年限超过60年。联邦所有或运行的水闸平均服役年限也接近60年，远远超过其50年的设计使用寿命。据估计，更换现有的老式水闸系统约需花费1250多亿美元。

A = 优
B = 良
C = 中等
D = 差
F = 不合格

美国基础设施平均等级　**D**

对内陆航道5年预估投资

总投资需要
500亿美元

估计支出
294.75亿美元

项目资金缺口
205亿美元

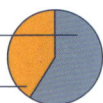

提升等级办法

★ 设立一个维持和改进港口、港湾和航道状况的项目；

★ 以诸如部分海关收入的财政资金，作为一个可靠稳定的资金来源；

★ 加深、拓宽航运渠道以适应世界船队中更新、更大的船舶航行；

★ 持续疏浚船舶航道以保证海上贸易的效率；

★ 限制港口、港湾及航道中的侵蚀物及沉积物堆积；

★ 持续发展导航工程专业，特别是在工学领域内。

概 况

由于内陆航道巨大的货运能力，使得其在战略上成为经济、军事上的重要资源。最近美国陆军大学的一份分析报告指出，内陆航道战略上的贡献还没有被真正了解。对内陆航道缺乏了解影响到对其进行高效管理、资金投入以及与国内其他运输形式的有效整合。因此，建议衡量美国内陆航道的战略价值，这将对建立一个 21 世纪高效、可靠的国家运输网络做出贡献。

包括密西西比河以东的所有州及 16 个州的首府在内的 41 个州，享受到商业航运服务。处于密西西比河、俄亥俄河、因特科斯特尔海湾及太平洋海岸流域中的美国内陆航道，拥有 12000 英里航道里程，连接着美国绝大部分的州。这一航道系统拥有 257 个水闸，可以在不同等级、连绵不断的水域中升降船只。

> 处于密西西比河、俄亥俄河、因特科斯特尔海湾及太平洋海岸流域中的美国内陆航道，拥有 12000 英里航道里程。

美国 3/4 的内陆航道，或者说大致有 9000 英里处于密西西比河流域。第二大部分处于俄亥俄河流域，大致有 2800 英里。另外因特科斯特尔海湾流域包含 1109 英里，而作为 4 个流域中最短的哥伦比亚河流域只有 596 英里。

全国内陆航道网络中有将近 11000 英里收取水运基金，是通过燃料税的方式从联邦用户收取的。商业航道运营者在这些航道中，每加仑燃料将交税 20 美分，这些税留存下

表9.1 全国最为繁忙的内陆港口

内陆港口名称	国内		国外		总数	
	吨	增长率 %	吨	增长率 %	吨	增长率 %
西佛吉尼亚州，亨廷顿－三州	76.5	-0.9	0	0	76.5	-0.9
明尼苏达州&威斯康辛州，德卢斯－苏必利尔	31.4	-3.5	15.1	4.7	46.5	-1.0
宾夕法尼亚州，匹兹堡	38.1	-9.3	0	0	38.1	-9.3
密苏里州&伊利诺伊州，圣路易斯	32.1	2.6	0	0	32.1	2.6
伊利诺伊州，芝加哥	21.1	-6.3	3.4	6	24.5	-4.8
田纳西州，孟菲斯	18.8	-1.4	0	0	18.8	-1.4
印第安纳州，印第安港	14.5	-7.5	0.5	6	15	-7.0
密歇根州，底特律	11.4	-12	3.5	-19.4	14.9	-13.9
明尼苏达州，图哈伯斯	13.1	-2.2	0.6	942.7	13.7	1.9
俄亥俄州，辛辛拉提	13.2	-0.9	0	0	13.2	-0.9
俄亥俄州，克利夫兰	10.4	-9.5	2.4	-35	12.8	-15.8
俄亥俄州，托莱多	4.5	95.3	8	-9.9	12.5	11.7
密歇根州，普雷斯克岛	7	0.8	1.8	-15.7	8.8	-3.1
印第安纳州，加里	7.9	-6.4	0.2	-73.6	8.1	-11.5
肯塔基州，路易斯维尔	7.8	6.4	0	0	7.8	6.4

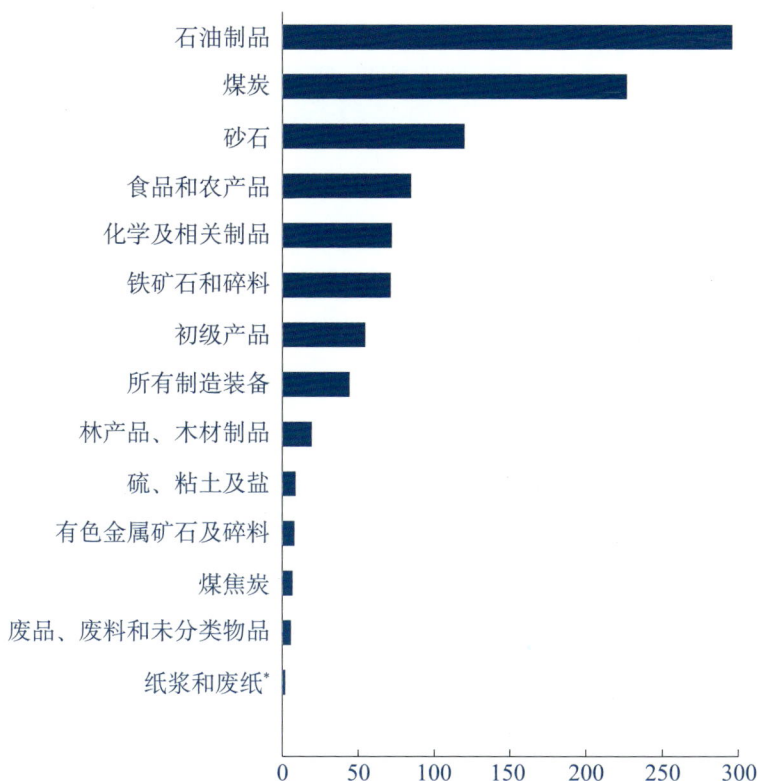

图9.1 通过内陆航道运送的商品（以百万吨计，*小于50000吨或百分比很小）

来作为内陆航道信托基金。内陆航道信托基金建立于1978年，内陆航道基础设施新建及整治资金的一半来源于该基金。2006年有47%由美国陆军工程兵团（USACE）维护的水闸，已被划入功能性过时的类别。假如在未来20年间不再新建水闸，那么到2020年，另外93个现存的水闸将被淘汰，最终导致现在的水闸中每10个就会有8个严重过时。

101

等级提升 案例研究

美国★实时流速系统

　　美国陆军工程兵团正在引进新的科技使水道导航更加安全。最新的一项创举被称为实时流速监测系统，该系统会告知航道使用者内陆航道的实时风速、流速；其他实时信息还会被自动发送至沿途的拖船，帮助拖船导航员提高安全性并防止发生碰撞。预计到2009年，总共会安装6套该系统。

路易斯维尔，肯塔基州★麦克尔水闸，俄亥俄河

　　2009年3月，美国陆军工程兵团将在俄亥俄河上新开一道1200英尺的水闸，替换掉1921年建造的单门水闸。这座最初为了运送货物穿过俄亥俄瀑布才建造的水闸闸室位于肯塔基州的路易斯维尔，该水闸的修建有助于该设施能满足未来30年商业驳船数量日益增长的需求。路易斯维尔兵团分部统计，2006年一年，就有5500万吨的货物穿过麦克尔水闸，其中39%运输的是煤。照片由美国陆军工程兵团路易斯维尔分部友情提供。

现在军队每年有 1.8 亿美元的资金可用于水闸修复，其中有一半来自于内陆航道信托基金，另一半来自于国会拨款。按平均每个水闸的修理费为 5000 万美元计算，目前军队每年仅可以全面实施 2～3 个水闸的修复工程。

现在还没有公认的工程专业能全面地解决目前及将来航运系统遇到的挑战。在过去，航运系统主要是由军队设计和维护的。因此，绝大部分工程知识及工程经验是由军队人员掌握的。现在军队很多任务都已经简化，并且其他相关非军事的功能也已经私有化了。由于这些原因以及军队内外有经验工程师的流失，导致正式培养导航工程专业新人的需求已很迫切。

由于缺乏足够的数据，美国土木工程师协会（ASCE）不能对全国超过 300 个港口或者码头进行等级评定。因为主要由州、地方及私人实体所有及运营的港口，是不需要向联邦政府汇报他们的基础设施情况的。然而，美国港口不仅连接着 1000 条联邦政府维护的港内航道，还连接着 12000 英里由纳税人提供资金支持的内陆航道。这些区域陆侧的基础设施包括港口区域内的站台、码头、铁路、道路。2007 年，作为美国、加拿大、墨西哥港口代表的美洲港务局联合会（AAPA）报告称美国公共港口每年必须投资 17 亿美元用于港口设施的升级及现代化。但是，报告并没有对每个港口的自然状况和基础设施进行评估。

恢复能力

目前的内陆航道系统缺乏自愈能力。航道的使用量在不断增长，设施也在不断老化，许多设施都已超过其50年的设计期限。受系统日益老化及恶化的影响，要想从任意一起大事故中恢复过来都将是不易的，这给美国经济带来直接的威胁。

结　论

内陆和沿海航道直接服务于包括大西洋西岸、墨西哥湾沿岸和太平洋西北部海岸在内的38个州。每年这些州的发货人及消费者，依靠内陆航道转运价值超过730亿美元、重量约为6.3亿吨的货物。在墨西哥湾沿岸、整个中西部和俄亥俄河谷边的州，尤其依赖于这些内陆及沿海航道。每年德克萨斯州及路易斯安那州的每艘船上，装载货物价值100亿美元以上，而伊利诺伊州、宾夕法尼亚州、西弗吉尼亚州、肯塔基州、密西西比州和华盛顿州每年每船装载货物价值为20亿至100亿美元。另外8个州的船上每年货物价值至少也为10亿美元。

通过其他运输形式，该航运系统每吨货物节约运输成本10.67美元。这将每年为美国经济节约超过70亿美元的运输费。未来的投资必须着眼于生命周期内的维护、系统间的相互依赖、冗余性、安全性及在人为或自然灾害中的恢复能力。

参考文献

[1] Donald E. Jackson Jr., *Leveraging the Strategic Value of the U.S. Inland Waterway System*, Army War College research paper, March, 2007.

[2] U.S. Army Corps of Engineers, *The U.S. Waterway System—Transportation Facts*, December, 2007.

[3] U.S. Army Corps of Engineers, *An Overview of the U.S. Inland Waterway System*, November, 2005.

[4] American Association of Port Authorities, America's Ports Today, 2007.

[5] U.S. Maritime Administration, Annual Report to Congress, 2007.

[6] U.S. Maritime Administration, U.S. Water Transportation Statistical Snapshot, 2008.

[7] U.S. Army Corps of Engineers, Institute for Water Resources, at:http://www.vtn.iwr.usace.army.mil/navigation/navre-centprojects.htm.

[8] Hale, Tom. "McAlpine Lock Replacement Update," *Construction Digest*, April 10, 2006.

**费城，宾夕法尼亚州★德拉瓦河道
加深项目**

2008 年 6 月，美国陆军工程兵团与费城地方港口管理局签署了一项协议，要开展一项为期 5 年、耗资 3.79 亿美元的德拉瓦河航道加深项目。该航道将从现在的 40 英尺加深至 45 英尺，使德拉瓦河港口货运运输更具竞争力，船只通过更安全，并相应增加了该地区的就业机会。据预计，这个项目将清除掉约 2600 万立方码的疏浚土，其中 740 万立方码疏浚土将被用于创建湿地和海滩养护。照片由美国陆军工程兵团费城分部友情提供。

埃弗顿，密苏里州★ 22 号水闸，密西西比河上游

美国陆军工程兵团新建的 22 号水闸宽达 1200 英尺，可以容许拖船满负荷一次性通过水闸而不需要将货物分装 2 次运输。拖船一次性通过水闸不仅将对环境的影响降至最低，还会提高工人安全性并缩短转运时间。该水闸的设计可供其他四座水闸借鉴和参考，省时又经济。现存的宽为 600 英尺的水闸仍保持不变，将主要用作旅游航运辅佐水闸。照片由美国陆军工程兵团岩石岛（Rock Island）分部友情提供。

交通
铁路

铁路：相关事实

　　货运列车的能效是卡车的 3 倍，客运列车每公里能耗比小汽车低 20%。但是，日益增长的货运需求和相应的变化成了部分重要地区制约交通的瓶颈。货运和客运通常共享相同的运输网络，而客运巨大的潜在需求将进一步对货运能力提出挑战。为满足预期货运增长的需求，截至 2035 年总计需要 2000 多亿美元的投入。

A = 优
B = 良
C = 中等
D = 差
F = 不合格

美国基础设施
平均等级　**D**

对铁路5年预估投资

总投资需要
630亿美元

估计支出
513亿美元

项目资金缺口
117亿美元

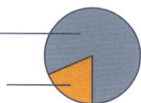

提升等级办法

★ 整合铁路运输，根据国家政策将其并入多式联运的模式中，认识并充分利用其有效性；

★ 提高铁路客运，让其在旅行中成为飞机和汽车的替代交通工具；

★ 增加并扩大美国国家铁路客运公司（Amtrak，以下亦简称"美国铁路公司"）的通道服务，它连接着相距不到500英里的主要城市。

概　况

铁路运输

美国的铁路货运系统根据每年营业收入的多少，可以将这些铁路公司划分为三个等级：8 个 I 级货运铁路系统，30 个 II 级局域或短线铁路，320 个 III 级也就是当地的长途运输运营商。

在美国，城际间的运输采用铁路运输方式的大约占 42%，包括 70% 国产汽车的运输和 70% 电厂用煤的运输。截至 2006 年，I 级铁路拥有并经营着 140249 英里长的轨道。然而，大多数交通出行中铁路约占总交通网的三分之一，总长度达 52340 英里。

经过多年过剩产能的削减，铁路公司近些年一直增加其在基础设施方面的投资和开销。2006 年，在铁路基建上的消费总计达 80 亿美元，与 2005 年相比上涨了 21%。更具体地说，新道路的建筑开销在 2005 年时为 15 亿美元，在 2007 年增长至 19 亿美元。增长的这部分开销主要用于铁路网络和相关系统的维护，因为投资昂贵的信号传导技术、重轨以及改善底部结构以适应重型列车都是非常有必要的。

预计到 2035 年，对货运需求的增加将提升一倍，从 2007 年的 193 亿吨，增加到 2035 年的 372 亿吨。如果维持目前的市场份额不变，铁路公司有望在 2035 年时提升 88% 的处置吨数。不管怎样，越来越多的承运人将铁路运输作为一种高效且环保的运输方式，这让铁路公司的市场占有率将有所上涨，从而带来更多的货运吨数。

预计到 2035 年，在改进方面需要 1480 亿美元才能适应相应的货运需求。一级铁路运营商的市场份额成本预计为 1350 亿美元。尽管产率和产能都有所增加，然而铁路运营商仍然期望在成本方面能在 2007 年到 2035 年期间从原来的 1480 亿美元减少到 1210 亿美元。

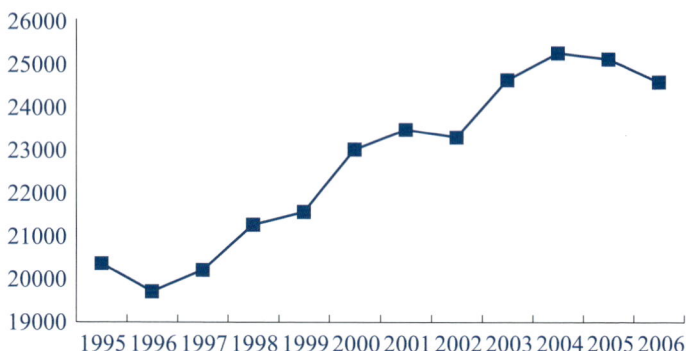

图10.1　1995—2006年间美国铁路公司输送乘客数量（以千为单位）

客运铁路

美国铁路公司，美国唯一的城际铁路客运提供商，在 2008 年的财政年度，搭载了 2870 万乘客，与 2007 年相比，增长了 11.1%。并且，在 2007 年，客流量较前 5 年相比，提升了 20%。通道服务连接了相距不到 500 英里的主要城市，例如从密尔沃基到芝加哥，从萨克拉门托市到旧金山再到圣何塞，以及东北走廊，都正经历着铁路客运的飞速发展。

客流量的攀升直接导致税收的增加，并且美国铁路公司在 2008 年的财政年间收到了 13.55 亿美元的联邦投资。但是，额外 4.1 亿的紧急投资需求也已经被确认，其中包括购买新车来提升容量。除此之外，还有升级系统以符合《美国残疾人法案》，改善网络中 481 个站点的整体情况，这些开支预计达 15 亿美元。

东北走廊的电厂缓解了 2008 年油价上涨带来的冲击，但这也意味着对美国铁路主要基础设施带来了挑战。东北走廊的电力系统升级就是其中一项急需，该电力系统的许多部件都是二十世纪三十年代安装的。这些关键系统如果崩溃，将会造成整条线路的停止，不仅会影响到美国铁路公司，也会影响到共享东北走廊的 8 条通勤铁路。

美国铁路公司预计在不久的将来，一些铁路线将达到并超过其承载量。例如，来往于东北的局部线路大约有一半的火车在 2008 年 7 月的一周中达到满负荷的 85%，其中至少有 62% 的能达到满负荷的 75%。尽管当前经济的衰退得到缓解，近年来经济也有所回暖和复苏，但仍无法阻止汽车和火车的老化。

从长远来看，铁路客运工作小组（PRWG），也就是组成国家地面交通政策和税务研究委员会的一部分，它决定了在 2016 年的年度投资额为 74 亿美元，而需要用来建设城际间铁路网络的总资本却高达 663 亿美元。它还估计，在 2016 年到 2030 年之间需要追加 1586 亿美元的投资，并且为了实现铁路客运工作小组提出的理想城际网络，在 2031 年到 2050 年间额外投资 1323 亿美元也是必须的。这些成本并不包括强制性的铁路货运线路的安全升级，这些线路不仅有客运，也有货运；而对于那些可携带有毒化学品的线路的安全升级也在 2008 年的《铁路安全改进法案》中被提出。

然而，由铁路客运工作小组设定的投资计划是很重要

的，它带来的好处同时也非常明显。该小组估计，如果通过铁路来分流乘客的计划可行的话，则每年将净节省40亿美元的燃料。此外，这样的投资将减少在其他模式中更大规模的投资需要。

> 通道服务连接了相距不到500英里的主要城市，例如从密尔沃基到芝加哥，从萨克拉门托市到旧金山再到圣何塞，以及东北走廊，都正经历着铁路客运的飞速发展。

城际铁路客运所面临备受关注的问题，并不是其他方式的运输所面对的问题，比如缺乏专项收入来源。美国铁路公司拥有并经营着长达656英里的轨道，维护和加固的经费都来自于一般的经营预算，这直接影响了其在其他项目上提供资金的能力。年度的国会拨款只提供了近年来最低限额的资金，导致了美国铁路公司拥有和运营的轨道在跟踪和维护上造成积压和拖延，而其中超过一半的资金都是与通勤和货运铁路共享。对其余的21095英里的铁路网，美国铁路公司是依据货运铁路的状况来做出进行维护和升级决策的，而这正基于他们自己的商业模式和股东利益做出的，它同时保留了美国铁路公司使用的法定权利。货运和客运铁路的利益越发的一致，他们都需要增加铁路网的容量，但成功的利益导向则需要公众和私人的投资。

伊利诺伊州，芝加哥 ★ 芝加哥地区 环境和交通能效计划

芝加哥地区环境和交通能效计划项目（CREATE）是由货运和客运部门以及地方和州政府共同发起的一项提高人员和货物通过该区域效率的计划。芝加哥不仅是一个人口聚集中心，还是一个重要的货运加工区——全美约1/4的货运都经由芝加哥发出、抵达或中转，这也意味着提高效率将对全国的货运都会产生重要影响。这个项目将投入数百亿资金用于重要的改进项目，以提高该地区的铁路货运效率。据估计，铁路道口新修的天桥和地下通道将为机动车驾驶员每天节约3000个小时。

目前仍然需要追加投资来完成该项目，不仅可以带来公众和个人利益，还有助于保护环境并极大地缓解交通拥堵。环境和交通能效计划项目将释放出部分产能，减少机车和高速公路车辆产生的污染，增加通行可靠性，并减少客运和货运之间的矛盾。照片由环境和交通能效计划项目（CREATE）合伙公司友情提供。

等级提升案例研究

加利福尼亚州，洛杉矶／长滩★阿拉米达大通道

2002年完成的阿拉米达通道是一条长达20英里、连接着美国两大集装箱港口——长滩港口和洛杉矶港口与洛杉矶市中心横贯铁路交通网的铁路货运快速通道。

一系列的桥梁、地下通道、人行天桥和街道改进工程，将货运列车与客运铁路和汽车交通分离开来，极大地提高了交通运输网的通行效率。

此外，清除铁路交叉口不仅缓解了交通拥堵压力，缩短了当地驾驶员浪费的时间，还减少了怠速火车和机动车产生的噪音污染。照片由 AECOM 友情提供。

马塞诸塞州，波士顿／华盛顿特区★美国铁路公司东北走廊

在拥堵的高速公路和空中交通之外，美国铁路公司东北走廊为城际交通提供了另外一个选择。除美国铁路公司的客运服务外，通过与美国铁路公司签订合作协议，另有8家交通和通勤机构也使用了该东北走廊。

　　2006—2007 财年，阿西乐快线的乘客数量增长了 20%。

　　此外，2007 财年内，美国铁路公司占有纽约—华盛顿之间航运和铁运市场的份额达 56%。照片由美国铁路公司友情提供。

恢复能力

　　由于铁路货车的经济性和低能量损耗，铁路成为了国家交通网中的重要组成部分，并通过商贸和旅游业支撑着经济。但是，由于缺乏足够的投资、公司冗余、联运的约束以及与能源系统的相互依赖，铁路系统是没有恢复力的。目前的铁路安全战略是基于走廊评估、企业安全审查、情报分析以及客观情况衡量风险指标。为了提高它的适应能力，在将来的投资中必须专注于生命周期的维护，让其快速恢复运作，从而避免更多的威胁和漏洞以及面临的技术革新问题。

结 论

铁路愈发地被人们视为缓解日益增长的货运和客运交通拥堵的另一种运输方式。此外，铁路还是长途货运中可供选择的一种省油的运输方式。

预计在接下来的数十年中铁路覆盖面还会增大，人口结构也将有所变化，需要纳税的铁路系统容量也已经达到了关键瓶颈。铁路基础设施方面的大量投资将最大限度地提高效率，并最终为乘客、货运商以及公众谋得较好的福利。

参考文献

[1] House Transportation and Infrastructure Subcommittee on Railroads, Pipelines and Hazardous Materials, Staff Report for Subcommittee Hearing, January 28, 2009.

[2] "Freight Railroads: Industry Health Has Improved, but Concerns about Competition & Capacity Should Be Addressed," Government Accountability Office, October, 2006.

[3] Weatherford, Brian A., Henry H. Willis, David S. Ortiz, *The State of U.S. Railroads: A Review of Capacity and Performance Data*, Rand Supply Chain Policy Center, 2007.

[4] *National Rail Freight Infrastructure Capacity & Investment Study*, Cambridge Systematics, Inc., September, 2007.

[5] *Vision for the Future: U.S. Intercity Passenger Rail Networking Through 2050*, Passenger Rail Working Group, December, 2007.

[6] Crosbie, William L., "Testimony before House Transportation and Infrastructure Committee," October 29, 2008.

[7] "The Rail Safety Improvement Act of 2008," P.L. 110-432.

[8] Alameda Corridor Transporta-tion Authority, Alameda Corridor Project Fact Sheet.

[9] "About CREATE," Chicago Region Environmental and Transportation Efficiency Program Web site.

[10] Amtrak Government Affairs, "Amtrak FY 2007 State-by-State Fact Sheets," February, 2008.

[11] National Railroad Passenger Corporation, *2007 Annual Report.*

[12] Kummant, Alex, President and CEO of Amtrak, "Statement Before the Subcommittee on Railroads of the House Tran-sportation and Infrastructure Committee," June 12, 2007.

Other Resources:

"Approaches to Mitigate Freight Congestion," Government Accountability Office, November, 2008.

"Principles on Federal Funding of Freight Rail," American Association of Railroads, August, 2008.

Intercity Passenger Rail Transportation: 2008 Update, American Association of State Highway and Transportation Officials, Standing Committee on Railroad Transportation, 2008.

American Association of Railroads, *Freight Rail Works* series, www.freightrailworks.org.

U.S. Department of Transportation, Fiscal Year 2009 Budget in Brief.

Congressional Budget Office, *The Past and Future of U.S. Passenger Rail Service: Amtrak's Interconnections with Freight and Commuter Railroads,* September, 2003.

交通
公路

公路：相关事实

美国人每年被堵在路上的时间达 42 亿小时，经济损失高达 782 亿美元，相当于每位驾驶员损失 710 美元。道路交通状况不良导致驾驶员每年的车辆维修费和运营成本高达 670 亿美元。美国 1/3 主干道的运行状况较差或一般，45% 城镇公路存在交通拥堵情况。目前，每年用于改善公路状况的支出经费为 703 亿美元，远低于显著提升公路状况所需的 1860 亿美元。

交通 · 公路

2009年评价等级：D–

A = 优
B = 良
C = 中等
D = 差
F = 不合格

美国基础设施
平均等级　　**D**

对桥梁和公路5年预估
投资

总投资需要
9300亿美元

估计支出
3805亿美元

项目资金缺口
5495亿美元

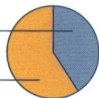

提升等级办法

★ 改革联邦高速公路管理机构，强化性能管理、成本—效益分析和责任制；

★ 引导联邦交通政策、项目和资源，加强美国全球竞争力，提升州际间商务、客运和应急能力；

★ 显著加大政府用于全国地面交通系统的维修、维护、改进和扩张的全方面消费；

★ 提高长期、先进高速公路研究项目的资助；

★ 解决由燃油税提供交通资金长期存在的问题，探索最具前景的解决办法加强该资金资助；

★ 建立全国性的政府目标，达到全美公路零死亡率；

★ 提高高速公路安全改进计划项目资金资助率至10%。

概 况

随着美国经济的发展和人们生活质量的提高，要求我们的公路、道路体系能给我们提供一个安全、可靠、高效和舒适的驾驶环境。尽管 2007 年交通伤亡事故有所下降，但这主要源于人们开车次数减少的缘故。2007 年交通事故仍有 41059 人死亡、2491000 人受伤。每年交通事故造成的经济损失高达 2300 亿美元，即相当于每位居民需花费 819 美元用于支付医疗、生产、旅行延误、工作场所、保险和法律等的费用。

交通拥堵已经成为我们公路体系中面临的仅次于安全问题的最重要挑战。交通拥堵继续恶化，已经发展到美国人每年有 42 亿小时被堵在路上，因浪费时间和能源消耗每年经济损失达 782 亿美元，即每位驾驶员 710 美元。每天平均行驶里程（VMT）中处于交通拥堵状况的比例已经从 1995 年的 25.9% 上升至 2004 年的 31.6%，在大型城镇这一比例已经超过 40%。由于交通拥堵不断恶化，燃料浪费总量已经从 1995 年的 17 亿加仑增至 2005 年的 29 亿加仑。

路况差导致机动车过度磨损，同时也导致交通事故频发、交通延误增多。根据联邦公路管理局统计资料，"良好"路况上的每天平均行驶里程比例正稳步提高，"可行"路况上的每天平均行驶里程比例已从 1995 年的 86.6% 稳步下降至 2004 年的 84.9%，而城镇内路况最差公路上的每天平均行驶里程比例则为 2.4%。从上述数字可以看出，我们未能显著改善公路路况，即并没有将其提升至"良好"和"可行"状况，尤其是在交通繁忙的城镇区域。

对公路体系需求的日益增加更加凸显了这一问题。在1980—2005 年期间，小轿车每天平均行驶里程增加了94%，卡车每天平均行驶里程增加了105%，而公路里程仅增加了3.5%。在 1994—2004 年期间，卡车载货里程增加了33%。而由于货运经济对公路高效的依赖性增加、卡车的磨损程度增大，使得货运量增加导致的问题尤其值得关注。若缺乏足够的投资和重视，这一不良趋势将会继续发展，其造成的不良影响也将进一步加大。

显然，若要显著改善公路体系的运行状况和加强养护，则需要投入大量资金进行支持。美国地面交通运输政策与财政委员会（NSTPRC）研究了不同（一般级和高级）投资水平的影响，形成了如下年度平均投资需求等级（以 2006年美元价值计）：

2005—2020 年 15 年：1300 ～ 2400 亿美元；

2005—2035 年 30 年：1330 ～ 2500 亿美元；

2005—2055 年 50 年：1460 ～ 2760 亿美元。

其中投资下限是指按当前水平计对重点公路系统进行维护和性能测试所需的费用，投资的上限是指面对日益增加的运输需求允许公路系统进一步稳步扩张，有助于改善公路的性能和运行状况。即使是取投资下限，在现今投资水平与改善公路所需投资之间仍存在较大差距。

每天平均行驶里程（VMT）中处于交通拥堵状况的比例已经从 1995 年的 25.9% 上升至 2004 年的 31.6%，在大型城镇这一比例已经超过 40%。

表11.1　美国最为拥堵的十大城市

排名	城市	每位旅客耽误的时间，小时
1	加州，洛杉矶 / 长滩 – 圣安娜	72
2	加州，旧金山 – 奥克兰	60
3	华盛顿特区 – 维吉利亚 – 马里兰	60
4	佐治亚，亚特兰大	60
5	德州，达拉斯 – 沃斯堡	58
6	德州，休斯顿	56
7	密歇根州，底特律	54
8	佛罗里达州，迈阿密	50
9	亚利桑那州，凤凰城	48
10	伊利诺伊州 – 印第安纳州，芝加哥	46

恢复能力

　　修建州际高速公路体系是将其作为国土安全防御战略的一部分，反映了其在减灾、国防和恢复重建等中的重要作用。我们的交通体系能承受各种自然和人为灾害并能迅速恢复作用的能力，就称为恢复能力。

　　修建防灾道路体系有助于降低减灾成本，减少暴露在灾害下的时间并保证其运行的连续性。为尽可能降低灾害程度，必须结合规划方案、标准体系和工程实际提出多重灾害应对办法。

结 论

公路基础设施问题带来一系列挑战的同时，需要我们政府各层面和其他社会资源加大投入力度。若投入不够，将进一步导致交通拥堵加剧、机动车延误增多，以及路面状况劣化，从而带来安全隐患。此外，道路基础设施过度繁忙还将延缓货运交通，增加商业供应环节的不可预知性，从而降低美国的商业竞争力并增加消费品成本。我们必须在公路体系管理方面进行大的调整，应该采用新型的技术和创新的经营策略。

制定新的立法法案去替代 2009 年 9 月 30 日失效"SAFETEA-LU"法案，如果有重大的改革举措，即必须解决以下问题，以确保我们地面交通系统的可运行性。

首先，必须进一步明确联邦政府的角色和职责，这样才能制定一个以绩效为基础的充分可靠的公路体系框架。

其次，目前实行的公路信托基金（HTF）筹资模式显而易见是失败的。美国财政部和国会预算办公室的最新预测表明，截至 2009 财年年底，若不采取任何纠正措施，公路信托基金将出现 40 ～ 50 亿美元的财政赤字。在确认最终需要建立一套新型、可持续的信托基金的同时，美国地面交通运输政策与财政委员会（NSTPRC）建议，未来 5 年内每年应增加汽油税（每加仑 5 ～ 8 美分），以应对预期会出现的财政赤字问题。鉴于国家政策对降低国外能源的依赖和减少碳排放的要求，我们不能继续依靠征收汽油税和柴油税来获取公路信托基金资金。短期内提高汽油税是必要的，但是我国还是要制定一个政策体系，能让用户更加

等级提升 案例研究

费尔法克斯县 ★ 维吉利亚州 495 号州际公路 "高承载率收费车道" (HOT) 项目

为了缓解维吉利亚州第三拥堵地区的最繁忙的公路交通状况，才设计修建了第 495 号州际公路 "高承载率收费车道"，将在长达 12 英里的绕城公路上另外增加 4 条车道。该项目估计耗资 17 亿美元，将采用电子收费系统和动态计价方式控制交通流量，替代价值 2.6 亿多美元的老化基础设施，包括 50 多座桥梁、天桥和重要立交桥。照片由城镇交通部友情提供。

密苏里州 ★ 中线防撞栏

通过对密苏里州意外交通事故数据进行分析，密苏里州交通部认识到在其交通最繁忙路段出现了严重的撞坏护栏问题。为了解决这一安全隐患，密苏里州开始安装中线防撞栏系统——在其主要州际公路上。在公路中心线沿途设置简易防护栏，经济有效地解决了这一问题。设置防撞栏在密苏里州已经得到成功应用，有效拦截了95%越线行驶的机动车辆。

最重要的是，防撞栏挽救了生命。譬如，2002年在70号州际公路上发生了24起穿越中线死亡事故。自此安装中线防撞栏之后，极大地减少了此类交通事故，2006年仅发生2起穿越中线死亡事故。照片由公路安全基金会友情提供。

认可其为体验驾驶乐趣所上缴的费用。

最后，立法过程中必须鼓励思想和方法的创新，包括公众、个人和学术界等各个层面的创新。

参考文献

[1] The Road Information Project (TRIP), *KeyFacts About America's Road and Bridge Conditionsand Federal Funding*, August, 2008.

[2] U.S. Department of Transportation, *Status ofthe Nation's Highways, Bridges and Transit: Conditionsand Performance*, 2006.

[3] Report of the National Surface TransportationPolicy and Revenue Study Commission—*Transportation for Tomorrow*, Volume II,December, 2007.

[4] National Highway Traffic Safety Administration,Motor Vehicle Traffic Crash Fatality Counts and Estimates of People Injured for 2007—DOTHS 811 034, September, 2008, p. 7.

[5] Texas Transportation Institute, *The 2007Urban Mobility Report.*

[6] *The Path Forward—Interim Report of theNational Surface Transportation Infrastructure Financing Commission*, February, 2008.

等级提升案例研究

威斯康辛州，密尔沃基★马凯特
立交桥翻新

马凯特立交桥承担了该州 37% 的上下班交通流量，与全国 1/3 的高速公路连通，截至 2000 年初，该立交桥每天车流量达 300000 车次，平均每天发生交通事故 3 起。耗资 8.1 亿美元的升级改造项目（比计划提前，预算中），将额外增加匝道通道，延长匝道与汇车行驶段长、拉直车道，并在公路行驶右侧设置进出口标识牌，提高行驶安全性。该立交桥设计使用寿命为 75 年。照片由威斯康辛州交通部友情提供。

交通运输

运输：相关事实

　　1995—2005 年期间，公共交通运输量增加了 25%，增长快于其他运输方式，但是仍有近半数美国家庭乘坐不了巴士或铁路交通，仅 25% 的家庭自认为有"好的选择"。据联邦交通管理局估计，每年需 158 亿美元用于交通运输维护、需 216 亿美元用于改进其运行状况，而 2008 年联邦财政对其的规划仅为 98 亿美元。

交通·运输

A = 优
B = 良
C = 中等
D = 差
F = 不合格

美国基础设施
平均等级　　**D**

对运输5年预估投资

总投资需要
2650亿美元

估计支出
749亿美元

项目资金缺口
1901亿美元

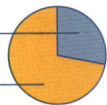

提升等级办法

★ 批准一项新的联邦地面运输政策，采用以需求为基础的方式来确定资金的投资方式；

★ 提高公共交通服务的使用，以此来减少城区拥堵，同时让公共交通贯穿近郊和乡村地区；

★ 贯彻一个"中立模式"的规划过程来考察大都市地区的特殊需求，并采用最有效的运输方式来满足这样的需求。

概　况

　　近年来，公共交通运输方式的使用与其他方式的运输相比呈明显的上升趋势。客流量自 1995 年到 2005 年上升了 25%，每年达 103 亿人次，是近 50 年来人次之最。据估计，每周使用公共交通工具的人次达 3400 万人次，其中独自乘公交上下班的人占 59%，独自往返学校的占 11%，独自来往参与休闲活动的占 9%。通过转移工作人员和购物人群，公共交通日益成为重要的经济发展要素。

　　2004 年，有 640 家当地的公共交通运营商，为 408 家大、小型的城市化地区服务，1215 家运营商为农村地区服务。除此之外，还有 4836 家运营商为城乡地区的老年人和残疾人提供专项服务，它代表着自 2002 年以来这些服务类型的总增长。这些系统经营着 120695 辆的交通工具。铁路交通运营商控制着长达 10892 英里的轨道并负责 2961 个站点。在 2000 年到 2004 年间，城市公共汽车的数量增长了13.4%，铁路的里程数增涨了 3%，并且站台的数量也增涨了 4.8%。同时在这段时间里，所有过境旅客的人数在 2002 年到 2004 之间以每年 1.3% 的速度上涨。而采用铁路交通线的乘客数上涨的比率更高，达 4.3%。

　　在 2008 年，32 票中有 23 票（即 72%）在对地方公共交通或公共交通组成的投票表决中投了赞同票，并授权了将近 750 亿美元的开销，这也代表着服务需求的增长。

133

表12.1　公共交通缩短的交通延误时长

人口和区域总数规模	乘客年平均里程数，以百万计	延误时间，以百万小时计	基本延迟百分比	节省美元，以百万计
超大型	37691	430	1700%	8091
大型	5459	64	700%	1193
中型	1665	15	400%	270
小型	287	1	300%	26
其他	6324	31	500%	574
全国城镇总数	51426	541	1300%	10154

表12.2　2004年运输财政资助来源（以百万为单位）

	联邦	州	地方	总计	%
普通基金	1391	2043	2692	6126	16
燃油税	5564	505	148	6217	16
所得税		187	98	285	1
营业税		2106	4765	6871	17
房产税		63	490	553	1
其他税收		1044	784	1828	5
其他公共基金		1844	4682	6526	17
总的公共基金	6955	7792	13659	28406	72
客运费			9114	9114	23
其他税收			1979	1979	5
系统总收入			11093	11093	28
总和	6955	7792	24752	39499	100

**犹他州，盐湖城★犹他州运输管理局
交通快线（TRAX）**

自 2002 年冬奥会期间运送观光旅客开始，盐湖城交通系统交通快线（TRAX）就一直为该市和周边郊区服务，被视为一项快捷、价廉的出行选择。1999 年第一条干线开通时，曾预计该线每天输送约 15000 人次，但根据美国公共交通协会（APTA）目前的统计数据显示，出行人数已呈指数级增长，2008 年第四季度输送人数约为 53000 人次 / 天。

目前正计划至少新增 3 条线路，总里程扩充至 19 英里，覆盖机场和更远的郊区。照片由犹他州运输管理局交通快线友情提供。

科罗拉多州，丹佛★地方运输部交通系统

丹佛地区区域交通部正在开展一项复杂的交通体系计划，发展包括从郊区往来市中心的公交和轻轨等交通工具。兴建 6 条轻轨线路后，部分公交线路和开往机场及体育赛事地点等其他特殊服务线路就可以取消了，有助于缓解该地区道路交通拥堵压力。

根据美国公共交通协会统计数据，2008 年第一季度乘坐轻轨出行人次相比 2007 年同期增长了 7.19%。照片由 LightRailNow 友情提供，摄影人为 Dave Dobbs. Missoula。

蒙大拿州，米苏拉★米苏拉城市交通部（山岭线路）

米苏拉城市交通部（山岭线路）于 1977 年开始运营，起初只有 3 台巴士和 4 条线路。自此，该交通部扩展至每周运营 6 天、30 台巴士、12 条线路和 55 名雇员。2008 年，该社区约 90000 名居民乘坐山岭线路出行 800000 多次。2008 年 7 月份，应该是该机构一年中节奏最慢的时期，山岭线经历了暑期出行历史最高峰，相比上一年同期增长了 30%。居民服务热线也显示寻求降低通勤成本的首次出行人数大增。尽管油价降了，但乘车价格仍然较高。

"SAFETEA-LU"法案将于 2009 年 9 月 30 日作废，通过该法案的授权，在运输方面的投资超过 450 亿美元。然而，强劲增长的客流量，以及得到大力支持的地方融资计划，都证明了公共交通的日益普及，这直接导致了美国交通系统在数量和规模上的增长。对于越来越多的美国人而言，新的投资带来了急需的交通服务，然而现有的交通系统仍需要投资来替换老化的基础设施，因此，现有可使用的税收应该比以往更广泛。与此同时，当越来越多的美国人依赖公路运输来旅行时，公路信托基金方面日益减少的税收将同时影响着运输部门的财务状况。

虽然公共运输系统是替代私家汽车出行的一个经济实惠并且环保的方法，但是，据美国公共交通协会估计约有半数的美国人没有机会使用可信赖的运输系统。据美国住房与城市发展部以及美国人口统计局于 2005 年的一项调查发现，仅有 54% 的美国家庭可以使用汽车和城市轨道交通，并且只有 25% 的人认为这样的交通运输是一个很好的替代方式。

联邦交通管理局（FTA）费率制度下的五点量表中，一点表示欠佳，五点则表示优秀。其在 2006 年的条件和性能报告中表明，在过去的 4 年中，国家交通运输基础设施基本上保持不变。据估计在均等条件下城市公交车队在 2004 年所占的比例为 3.08，与 2000 年的 3.07 相比有小小的改进。有报道称汽车的平均使用年限是 6.1 年，与 2000 年的 6.8 年相比有稍稍下降。2004 年时轨道列车的平均状况是 3.5，低于 2000 年的 3.55。

当汽车和铁路车辆条件还保持良好时，轨道交通站点的条件已经在恶化。只有 49% 的站点是适用的或者修复良好的，而 51% 的都不符合标准或更糟。2000 年，84% 的站点被评为可胜任或更好。联邦高速公路管理局指出，评级的差异是由于自上次的报告对站点条件评估的方法发生改变所引起的。诸如隧道和高架结构的结构状况都得到改善：与 2000 年的 77% 相比，在 2004 年有 84% 的是适用的或者有更好的条件。

资金在 2000 年到 2004 年之间有适当的增长。在 2008 年，32 票中有 23 票（即 72%）在对地方公共交通或公共交通组成的投票表决中投了赞同票，并授权了将近 750 亿美元的开销，这也代表着服务需求的增长。许多这样的地方税收是为了匹配联邦投资。从所有来源的总资本支出来看，在 2004 年时是 126 亿美元，比 2002 年的 123 亿有所增长，在过去的 15 年中上涨了至少 140%。其中联邦政府在 2008 年的贡献达 98 亿美元。

据联邦交通管理局估计每年需额外 60 亿美元用来维护基建现状；然而，为了改善条件，每年所需的花费总计高达 216 亿美元。这些评估得到了联邦地面交通运输研究和税务委员会近期调查的支持。假设相对投资的水平不变，以 2006 年的投资水平为准，客流量将持续增长，不可阻挡，每年的客流量将达 180 亿至 200 亿人次。然而，如果提供的资金增加，公共交通的客流量将增长迅速，并且国家的交通系统的状况也将有所改善。一个"中"级的资金投入每年是在 140 ～ 180 亿美元之间，据税务委员会估计，在该等级系统中可增加 2.6 ～ 5.1 万辆新车，并且还会额外铺设 1100 ～ 1500 英里的轨道。此外，平均状况

将增加到 4.0，并且到 2020 年时，该系统每年将能容纳
120 ～ 140 亿人次。在同一时期，"高"级别的投资资金每
年在 210 ～ 320 亿美元之间，车队可增加 5.1 ～ 9.6 万辆，
并铺设 3000 ～ 4400 英里的轨道，每年的载客人数可以上
升到 130 ～ 170 亿人次。

　　2008 年，受美国公共交通协会和美国公共运输交通工
作者协会委托的州和国家公共交通需求分析，对各种增长
的百分比做出了总资金需求的预估。假设一个温和的旅客
年增长速率为 3.52%，则每年各级政府在改善基础设施条
件和服务绩效的费用将达 592 亿美元。2007 年，各级政府
的总开支达 470.5 亿美元。

恢复能力

　　交通系统是一个地区经济活力的关键和应急准备条件
之一。当正确的运用时，交通系统可提供显著的环境效益。
如今美国的交通系统缺乏恢复力，就是因为少了综合系统
的规划、合理的安全措施以及充足的资金支持。尽管地下
交通在自然灾害时通常表现良好，但他们在恐怖袭击面前
依然十分脆弱。虽然存在这些缺陷，但在灾难来临时，交
通系统也能将人们号召起来及时地转移。以上这些问题都
应该克服，才得以确保系统在被需要时能表现良好。

　　虽然公共运输系统是替代私家汽车出行的一个经济
实惠并且环保的方法，但是，据美国公共交通协会估计
约有半数的美国人没有机会使用可信赖的运输系统。

结 论

对于国家和地方都支持新建和扩张公共交通系统而言，公共交通系统增加客流量的迹象表明美国人希望让国家的地面交通系统发挥更大的作用。然而，多年的资金不足和不可靠的服务都威胁着公共交通可提供的经济和环境效益。

交通系统必将成为社区交通规划过程需要整合的一部分，并得到足够的资金，以支持进一步的发展。美国人更加重视城郊地区交通的连接来缓解拥堵，协助其受限的活动，并发展当地的经济。

当前的现状，外加不稳定的经济环境，更应该引起对交通运输的关注。未来的投资应该关注到附加的全系统的旅游选项、技术创新、生命周期融资、现代化建设对未来发展的支持、增长的网络冗余和连通性，并提供改善的设计和施工标准以抵御自然和人为的极端条件。

参考文献

[1] American Public Transportation Association,*2008 Public Transportation Factbook*, June, 2008.

[2] U.S. Department of Transportation, *Status ofthe Nation's Highways, Bridges, and Transit: 2006 Conditions and Performance*, 2007.

[3] National Surface Transportation Policy andRevenue Study Commission, *Final Report*, 2008.

[4] American Public Transportation Associationand the American Association of State Highway and Transportation Officials, *State and NationalPublic Transportation*.

等级提升 案例研究

加利福尼亚州，奥兰治县★奥兰治县交通管理局

即使是在汽车交通盛行的南加州，奥兰治县交通管理局（OCTA）也可位列全国最为繁忙的交通管理局之一，运营着650辆巴士、每年乘车居民人数达到约6550万人次。

2005年，根据安全性、客运服务质量和出行人数增长率排名，美国公共交通协会将奥兰治县交通管理局列为交通机构第一名。该交通管理局还组建了清洁焚烧车辆车队保护环境。奥兰治县交通管理局继续体验着运量飞速增长的状况，2008年10月份达到630万人次，是该机构成立36年以来的历史最高点。照片由奥兰治县交通管理局友情提供。

公共设施
公园与休闲

公园与休闲：相关事实

    公园、海滩以及其他休闲娱乐设施每年给美国经济贡献 7300 亿美元的收入，提供约 650 万个工作岗位，净化了水和空气，还产生了其他更高的附加值。尽管每年各州和各地方公园的投入都在逐年增加，但是市区公园的人均面积却在下降。为迎接 2016 年国家公园百年纪念，正加大对国家公园管理局的投入，但是该机构所属设施维护仍然面临 70 亿美元的资金缺口。

公共设施·公园与休闲

2009年评价等级：C–

A = 优
B = 良
C = 中等
D = 差
F = 不合格

美国基础设施平均等级　　**D**

对公园与休闲5年预估投资

总投资需要
850亿美元

估计支出
368.35亿美元

项目资金缺口
481.7亿美元

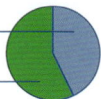

提升等级办法

★ 构建公立机构、私人休闲娱乐机构和环保组织的合作伙伴关系，惠利于民；

★ 采取辨别娱乐用途及娱乐需求趋势的区域性规划方法，最大限度地将有限资金用于公园设施的购置和维护；

★ 筹措多方面的州立和地方专门资金来源，用于公园和休闲设施投资，确保未来资助的可持续性；

★ 继续加大联邦政府的领导作用，通过"百年倡议"、土地和水资源保护基金等类似项目实施，满足日益增长的人口户外休闲的需求；

★ 设立一个联邦委员会来研究提高人群访问美国休闲娱乐场所的办法，获得两党支持的委员会评定户外休闲设施的使用和需求情况，更好地追踪用于公园和休闲设施的联邦基金的使用情况和效果。

概　况

州立 / 地方公园

相比国家公园，美国人到访州立和地方公园的次数要多得多。在 2006 年 7 月到 2007 年 6 月期间，到访州立公园的人数突破了 7300 万，绝大部分（90.9%）是日参观人数。在此期间，各州获得了 56681 英亩的公园用地，花费超过 4.63 亿美元用于改进州立公园的建设，以满足日益增长的游客需求。

2007 年，通过土地和水资源保护基金项目，各州和地方从联邦基金获得了近 2800 万美元的资助。但是，他们报告还存在超过 150 亿美元的资金需求缺口，相比 2006 年报告的数字，这次有了显著增长。

美国的 75 个大型城市拥有居民数超过 510 万人，报告称 2006 财年用于城市公园和休闲娱乐设施费用接近 50 亿美元，绿化面积扩大 5000 多英亩。尽管支出费用创造了新的纪录，但是由于人口快速增长，人均绿地面积仍在下降。2006 年，60 个大型城市中每千人的公园占地平均为 18.88 英亩。2007 年，这一数字降为每千人 16.72 英亩。

> 对于预算鹰派，公园开支可能是一个容易的目标，但实际上公园消费在总消费里占极小的比例，平均仅 0.231%。

随着填充式发展，城市人口的密度越来越大，公园对于维护居民健康、保障安全和维持稳定的房地产价格等方面将发挥更加重要的作用。公园享有广泛的公众支持率，即便是在现今经济环境困难时期，2008 年 12 月，也还投票通过了一项创纪录的、用于改进公园和户外空间设施的新的财政资金支持。71% 的选民支持保护金融选票的措施，该措施承诺斥资 73 亿美元进行公园和开放空间建设。2008 年一年通过选举措施获得总共 84 亿美元，这在近十年里是单独一年里获得的最多的资金。

对于预算鹰派，公园开支可能是一个容易的目标，但实际上公园消费在总消费里占极小的比例，平均仅 0.231%。在美国，比例最高的是加利福尼亚州，但占总消费的比例仍低于 1% 为 0.979%。州与地方使用情况持续性跟踪数据的缺失，致使难于确定未满足需求的情况及难于为其余地区建立标准。

表13.1　受保护土地面积

地区	受保护总面积，英亩	人均保护土地面积，英亩	受保护区域所占，%
亚特兰大中部	10304151.6	0.18	9.2
中西部	30139330.5	0.45	6.3
新英格兰	4839352.7	0.34	12.0
落基山地区	95015799.3	9.06	29.0
东南部	28960508.7	0.44	9.7
西南地区	37250994.8	1.04	10.3
西部地区	267143832.8	5.21	41.5
总和	473653970.5	1.57	20.5

146

国家公园

在 20 世纪下半叶，尽管美国国家公园管理局（NPS）管理的公园人气和使用率持续上升，但仍被停滞预算拨款。到 21 世纪初，有 61 亿美元资金积压。在 49 个州、哥伦比亚特区和其余 5 个地区，国家公园理局拥有 391 个单位，覆盖面积达 8400 万英亩。在 2007 这一财政年，国家公园接待游客人数从 2003 年的 2.66 亿人次增加到 2.74 亿人次。

为解决这一持续性资金积压，当时的布什政府首先对其资产及管理方式进行了一次全面清查，同时承诺在 2002 年初开始，5 年内投资 49 亿美元进行解决园区设施及维护问题。美国公园管理局 2008 年一年获得 23.9 亿美元。

2006 年布什政府制定了百年刺激计划，旨在为国家公园管理局的一百周年纪念日做准备。据国家公园管理局战略目标表明，百年刺激计划提供联邦配套资金来补充私人捐款，用以在全国内加强公园质量。

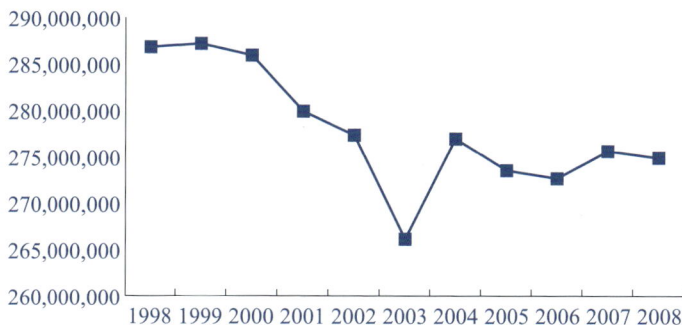

图13.1 国家公园接待访客数量

海滩

美国拥有超过 84000 英里，包括宝贵经济、环境、娱乐资源在内的海岸线。沿海地区收入中约 85% 来源于旅游收入，对美国经济每年做出约 3220 亿美元贡献。目前近1/4 的海岸线正受侵蚀，但联邦政府还没有政策来评估及标定出受侵蚀最严重的海岸线。随着海岸线受侵蚀的增加，事实上联邦政府用于侵蚀修复的开支却减少了，这将生命、基础设施、环境资源置之于越来越严重危害之中。

美国陆军工程兵团设施

美国陆军工程兵团是美国户外娱乐最大的联邦政府提供者。在美国 42 个州里面，超过 4200 个娱乐区位于军管区。其中有约 1800 个娱乐区被以租赁或许可的方式，由类似州际或地区政府的实体运营和维持着。绝大部分（70%）军队位于都市区 50 英里以内，给美国人民带来了更多的娱乐机会。2007 年，军队设施接待了 3.72 亿游客，共计产生130 亿美元的旅游花费和 50 亿美元的耐磨商品消费，包括军队湖周围社区旅游者花费的 80 亿美元。这为美国经济做出了约 224 亿美元贡献，并增加了约 350000 个就业机会。

军管区娱乐设施及类似设施的现状，成为一个越来越严重的问题。超过 90% 的军队湖工程是 1980 年以前建设的，且超过 30% 的湖已有至少 50 年。近几年，由于财政投入偏少，致使 5 个州里有 74 个娱乐区处于半关闭或全关闭状态，造成当地居民 425 万美元的经济损失。此外，军队娱乐区内装备更新没有跟上时代步伐，同时没能满足当今人们的不同使用需求。当时绝大多数军队设施被设计时，类似于帆板运动这种新的使用方式并没有在军队湖的使用中被考虑到。

**等级提升
案例研究**

美国★公共土地信托基金

公共土地信托基金与全国的各个州和地方政府都有合作，他们拿出部分基金用于恢复城镇和乡村地区的公用场地。从纽约市的校园到明尼苏达州的清洁水行动，再到亚特兰大的各个城镇，他们从私人那里和通过债券公投方式筹集资金，支持公共场所的筹建和恢复工作。公共土地信托基金与纽约市教育部门以及其他几位公共和个人捐赠者达成了持续的合作伙伴关系，恢复该市的校园运动场所，包括布鲁克林红钩街区（Red Hook）的这所学校（上图）。照片由公共土地信托基金 Julieth Rivera 友情提供。

美国★国家公园服务机构

20 世纪末，我们宝贵的国家公园正年复一年地遭遇着财政赤字和维护不及时。华盛顿特区和其他地区的管理者们甚至不能准确预估出维护的财政缺口，1998 年政府问责署给出的数字是 50 亿美元，但是有报道称实际数字可能高达 90 亿美元。2001 年，国家公园服务机构开始着手制定一项资产库存管理计划，评估其结构、道路和其他设施的运行情况，然后建立一项资产复原和维护项目。自此，在维护财政缺口方面取得了重大进展，国家公园服务机构还设定了目标，量化在这方面取得的研究成果。

俄勒冈州，波特兰 ★ 州立—地方政府合作伙伴关系

休闲娱乐设施共享的各州和地方政府之间形成的伙伴关系，有助于最大程度地利用有限的资金，特别是在人口集中的城镇地区。譬如，波特兰公园和娱乐部门就与学校共享休闲娱乐设施，与其他地区机构协调土地和水资源的管理和使用，通过与企业和其他公益组织合作筹集资金购买设备和设施。照片从上到下分别是：俄勒冈州波特兰市的学生帮助清理麋鹿岩岛自然保护区，以及从一条废旧马路创建的俄勒冈州波特兰市滨江公园，它们就是一个创建多功能休闲场所的典型成功案例。照片由波特兰市公园与娱乐部友情提供。

恢复能力

公园对于美国经济及环境来说都是一笔宝贵的财富。受可用资金的限制，国家公园的恢复得到极少或根本没有得到任何关注。问题解决方法是税收，但也往往不成功。未保护好这些珍贵的国家资源，将会对后代子孙的遗产及特性造成严重影响，未来的投资必须解决生命周期内的维护、安全、风险管理及系统的稳定性问题。

结　论

公园在美国人的生活中扮演着许多角色，例如提供娱乐机会、增加就业和促进经济发展。然而，尽管公园的人气和需求高涨但公园的资金来源并不稳定，许多地区的公园设施被忽略，尤其在财政预算紧张时期。甚至尽管访客人数增加，联邦资金支持的国家公园也未能幸免，它们也没及时得到维护。在政府和地方层面，公园与开放空间的专用收入来源需要得到明确，以保证后代娱乐设施的质量。国家公园管理局需要继续实行百年刺激计划，对公园改善继续增加投资，直至 2016 年这一百周年纪念日。此外，各级公园仍将会从独立委员会对其有关使用与需求的综合评估中受益。

参考文献

[1]　National Association of State Park Directors, *2008 Annual Information Exchange: for the period covering 1 July 2006–30 June 2007*, July, 2008.

[2]　National Park Service, Land and Water Conservation Fund, *2007 Annual*

Report.

[3] The Trust for Public Land, Center for City Park Excellence, "Cities Getting Greener, But Not Fast Enough to Keep Up," July, 2008.

[4] The Trust for Public Land, "Conservation Funding Wins Big at the Ballot" press release, November 5, 2008.

[5] Department of Interior, National Park Service, "Bureau Highlights, FY 2009 Budget Justifications".

[6] Houston, James R., "The Economic Value of Beaches—A 2008 Update," Shore & Beach: Journal of the American Shore & Beach Preservation Association.

[7] American Shore & Beach Preservation Association.

[8] U.S. Army Corps of Engineers, Natural Resources Management.

[9] The Trust for Public Land website, "Success Stories" series, http://www. tpl.org.

[10] Center for City Park Excellence, The Trust for Public Land, "How Much Value Does the City of Philadelphia Receive from its Park and Recreation System?", June, 2008.

Other Resources:

Resources for the Future, *The Policy Path to the Great Outdoors: A History of the Outdoor Recreation Review Commissions,* October,2008.

Outdoor Industry Foundation, "The Active Outdoor Recreation Economy," Fall,2006.

U.S. Census Bureau, *Special District Governments by Function and State:* 2002.

Department of Agriculture, "FY 2009 Budget Request," Natural Resources and Environment, Forest Service.

National Park Service, *Summary of Park Centennial Strategies,* August, 2007.

National Park Service, The Future of America's National Parks, May, 2007.

Department of Commerce, National Oceanic and Atmospheric Administration,

National Ocean Service, Coastal Trends Report Series, *Population Trends Along the Coastal United States: 1980–2008,* September,2004.

Natural Resources Management Division, U.S. Army Corps of Engineers, Washington, D.C.

Chris Walker, "The Public Value of Urban Parks," part of the *Beyond Recreation: A Broader View of Urban Parks series* by the Urban Institute, June,2004.

公共设施
学校

学校：相关事实

全美校园支出已经从 1998 年的 170 亿美元增长至 2004 年的 290 亿美元，达到历史最高点。但是，2007 年支出又滑落至 202.8 亿美元。数十年来，一直未收集到有关全国校园建筑的全面、权威数据。根据全国教育协会（NEA）最保守的估计，要想修复全国所有的校园，最少也需要耗费 3220 亿美元。

公共设施·学校

2009年评价等级：D

美国基础设施
平均等级　　**D**

对学校5年预估投资

总投资需要
1600亿美元

估计支出
1250亿美元

项目资金缺口
350亿美元

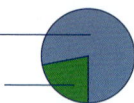

提升等级办法

★ 定期公布教育部门的公立学校设备条件报告，确保全国范围内教育条件的与时俱进；

★ 增加联邦抵税额度以确保学校建设方面的应用增加；

★ 持续增加高度贫困、亟需学校地区的补助金；

★ 鼓励学校探索新的融资方式，比如租赁融资、所有权/使用安排融资以促进学校建设；

★ 支持学校定期、综合性的施工与维护；

★ 加强设计与施工方面的研发以满足快速变化的教学环境；

★ 在公共基础设施建设及维护方面，建立一个与政府和国家类似的多年财政资本预算；

★ 支持寿命周期成本分析原则的运用以评估工程的总开销；

★ 考虑到用于学校建设的专项基金。

概　况

　　对国家公立学校条件的评估是个困难的过程。自从1999年教育部报道美国公立学校办学条件以来，对学校条件的综合性调研几乎没有。当年那份报告对于全国的设施条件提供了详细的数据，并表明了大部分学校的办学条件很差。该报告指出，将全国的办学条件提升到一个良好的状态需要投入1270亿美元。早在1995年2月由美国审计局的一份报告阐述了近1/3的公立学校需要修补或替代，使其全面达到好的状况需要大概1120亿美元的投资。

　　在2005年，一些方面已经取得了一些进展，国家教育统计中心对公立学校的校长进行了访谈以确定诸多环境因素对学校建设的影响程度。数据显示，约有44%的采访对象认为有少许的干扰，33%的人认为有较小程度的干扰，9%的人表示中度影响，1%的人认为严重影响。调查显示15%的学校过于拥挤，30%的学生处于这样的学校中。报道还发现37%的学校在使用活动房。但是该报道没有早期的报道那样详细，并且没有对改造所需的花费做以估算。

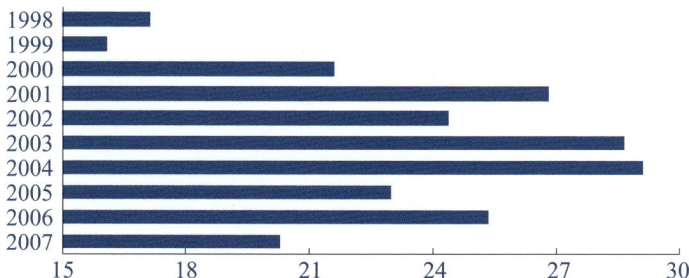

图14.1　1998—2007年间校园建设支出（以百万美元计）

等级提升案例研究

俄勒冈州，波特兰市★抗震改造工程

俄勒冈州近半数的学校都是建于 1960 年以前，比全国抗震建筑标准实施早了 10 年，若该州沿卡斯蒂亚断层发生一次大的地震，那么这些学校都将面临着倒塌的危险。2005 年投票通过了一项发行债券募资 10 亿美元的举措，即 2032 年前将用于校园和其他高危设施的抗震改造。照片由波特兰市公立学校友情提供。

在很多方面缺乏足够的信息已经被证实。2008 年 2 月份，在众议院教育和劳工委员会的听证会上，来自北卡罗来纳州的代表 Bob Etheridge 阐述："我们面对联邦政府最大的问题是缺乏及时的、足够的、可信赖的数据支撑。"甚至上升到国家层面上，数据也是很难寻觅的。

下面的数据能表明国家的 K－12 公立学校的发展空间，2008—2009 学年如下：

　　1. 约 4980 万名学生登记进入初中和高中；

　　2. 公立学校聘用的教师约达 330 万名；

　　3. 14200 的公共学区中包含 97000 所公立学校；

　　4. 初高中的支出约为 5190 亿美元；

5. 在 2005—2006 学年，国家花在每个学生身上的费用由 9154 美元上升到 10418 美元。

尽管政府对学校的期望一直增加，但学校设施主要由本地负责，且充分证据证实当地也在尽力满足这项义务要求。在 31 个州，法律诉讼已经挑战了公共教育的充分性和公平性，并将学校设施纳入了这些案件的一部分。

然而详细的状况及需求量并不存在，我们必须拥有新的消费数量。根据《美国学校及第 34 届大学建设报告》，2007 年完成的学校建设（包括新的建筑及翻新）的总费用多于 202 亿美元。这比 2004 年的 290 亿美元有所下降，并且该下降趋势仍在持续；2008 年到 2010 年间的计划投入基金 527 亿美元。这比 2005 年到 2007 年的 684 亿美元显著地降低了。

据《工程新闻记录报》报道，尽管学生人数增长的需求纪录被打破，市场条件一直延期甚至扼杀投资项目，直到最近经济上的可行性才使得其有少许复苏的可能。基本原因在于财政的问题和国家及当地收入的降低。相关的例子包括缅因州 12 所主要学校建设工程的拖延，北卡罗来纳州坎伯兰县小学建设项目的撤回，都是找不到建筑工程承包商的原因。

收入减少的例子参照纽约市最近发布的预算，该预算说明了预算的削减使得新学校的建设从 2003 年的 76 所降低到现在的 42 所。

其他概算有加利福尼亚州用于新建筑所需的 90 亿美元和用于学校设备现代化建设所需的 35 亿美元及北卡罗来纳

州在 2008 年到 2012 年用于全州范围内学校设备现代化的
97 亿美元。

投入在减小，学校的注册人数却持续攀升。从 2002—
2003 学年的 4810 万增加到 2005—2006 学年的 4890 万。据
国家教育统计中心的数据，从 2007—2016 学年公立和私立
学校的注册人数将呈现 7% 的增长。

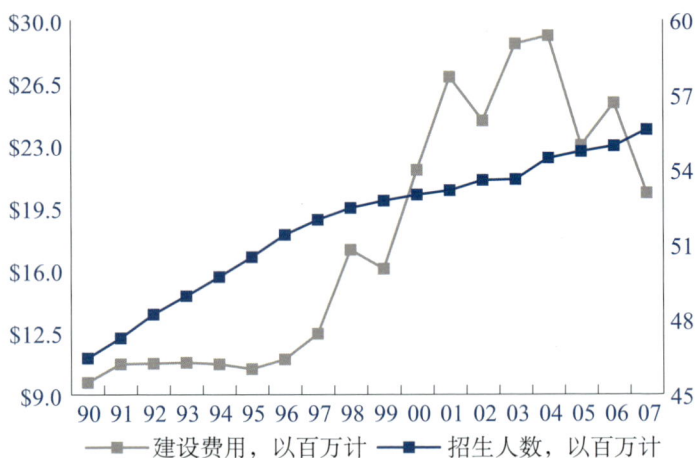

图14.2　1990—2007年间校园建设与招生人数

另一关注的焦点是尽管在近十年的早期学校设施的投
入在增加，但大部分资金流入到了一些州最富有的地方学
校里，最需要这笔钱的学生仍然需要忍受着破旧的学校设
施。来自《建筑与教育的成功合作》的报道称，在 1995 年
到 2004 年的十年间，公立学区建设新学校 12000 所，革新
和改进学校 130000 所。但是非富有学区的投入为 4800 美
元／每人，远远低于富裕学区的 9361 美元／每人。

等级提升 案例研究

俄亥俄州，辛辛纳提★学校现代化计划项目

作为俄亥俄州第三大公立学校片区，辛辛纳提公立学校包括90平方英里范围内的近70所校园。2002年提出的学校现代化计划项目，将着手致力于未来10年内对其辖区内的教育设施进行升级改造，将其变成21世纪的现代化学习环境设施。除拆除掉部分过时或未充分利用的校园外，该项目还包括新建部分建筑以及对有重要意义的老建筑进行翻新，所有这些都将由该片区9.85亿美元投资的设施总体规划项目承担。照片由辛辛纳提公立学校的Robert Flischel友情提供。

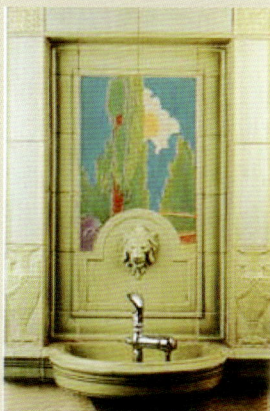

新泽西州，卡姆登★卡姆登高中改造计划

超过90年的卡姆登高中外墙的脚手架使师生们免遭被摇摇欲坠建筑碎块砸中的危险。为了抵御这一危险，2000年创立了一个新的机构——新泽西校园发展管理局（NJSDA），主要负责对全州21个县的上百所学校的教育基础设施进行检修。《新泽西教育设施建设和融资法案》批准创建新泽西校园发展管理局，批复通过了39亿美元的校园改造资金计划。

恢复能力

学校兼具本地社区教育和急救庇护所双重目的，本地政府具有向学校提供资助的主要义务，经济的不景气也给学校的重建、现代化建设及安全型改善造成了影响。

由于投入资金的减少和容量的增加、学习环境设计的失策及合理系统的缺乏，学校的弹性恢复能力还不健全。

为了达到持续服务的保障，未来的投资应该在实用寿命的维护、快速恢复、多选择性服务、安全及条件和危险评估上下功夫。

结　论

决定公立学校办学条件的最大问题在于缺乏可靠的信息，近10年没有收集整理到全面、权威的数据。学校设施和现代化建设费用总的呈现上升趋势，从1998年的170亿美元增长到2004年的顶峰290亿美元，但是随后逆转直下，2007年下降到了207亿美元。除非其经济条件有显著变化，否则，这种下降趋势还将持续，与之相伴的还包括这十年的需求以及日益增长的入学人数，都给条件的改善带来了困难。

参考文献

[1] Argon, Joe, *34th Annual Official EducationConstruction Report, American Schools and Universities*, May 15, 2008.

[2] Abramson, Paul, *The 2008 Annual School ConstructionReport, School Planning & Management,February*, 2008.

[3] American Federation of Teachers, *BuildingMinds, Minding Buildings: Turning CrumblingSchools into Environments for Learning,* 48-0165,December, 2006.

[4] U.S. Department of Education, Center For EducationStatistics, NCES 2000-032, *Condition ofAmerica's Public School Facilities: 1999,* June, 2000.

[5] *Education: Everybody's Business Coalitionto Hold Public Forums on School Facility Needs,* http://www. ncpublicschools.org, January 8, 2007.

[6] National Center for Education Statistics, *FastFacts*: http://nces.ed.gov/fastfacts.

[7] BEST-Building Educations Success Together, *Growth and Disparity: A Decade of U.S. Public School Construction, October,* 2006.

[8] Moore, Kathleen, California Department ofEducation, testimony before the Committee onEducation and Labor, U.S. House of Representatives,February 13, 2008.

[9] Nicholson, Tom, "Education", *EngineeringNews-Record,* November 24, 2008.

[10] NJ.com, *Local NJ News,* www.nj.com December11, 2008.

[11] U.S. Department of Education, Institute ofEducational Sciences, *Numbers and Types of PublicElementary and Secondary Schools from theCommon Core of Data: School Year 2005–2006.*

[12] U.S. Department of Education, National Centerfor Education Statistics, *Public School Principals Report on Their School Facilities: Fall 2005,* NCES 2007-007.

[13] General Accounting Office, *School Facilities:Condition of America's School,* GAO/HEHS-95-61,February, 1995.

[14] Wang, Yumei and Burns, Bill, "Oregon's PublicSchool and Emergency Facilities," *AEG News,*Association of Environmental & EngineeringGeologists, March,2006.

[15] Katz, Matt, *Teachers: Camden High Is InShambles*: http://www.Matt-Katz.com.

[16] Etheridge, Bob, Statement before the Committeeon Education and Labor, U.S. Congress,February 13, 2008.

[17] New Jersey Schools Development Authority (SDA), *About SDA*: http://www.njsda.gov.

Other Resources:

Filardo, Mary, *Good Buildings, Better Schools,An economic stimulus with long-term benefits*, Economic Policy Institute, April 29, 2008.

Medina, Jennifer, "With Budget Shrinking,Schools will get Fewer *New Buildings*," NewYork Times, November 5, 2008.

能源

能源：相关事实

自 2005 年采取电网加固措施之后，能源行业发展已经取得一定进展，但未来二十年内还需要大量资金投入电力生产、输送和分配各个环节。1990 年以来美国电力需求已经增加了 25%。公众与政府之间的对立以及复杂的审批程序正制约着现代化进程的发展。截至 2030 年，预计电力投资需求将高达 1.5 万亿美元。

能 源

2009年评价等级：D+

A = 优
B = 良
C = 中等
D = 差
F = 不合格

美国基础设施
平均等级　　**D**

对能源5年预估投资

总投资需要
750亿美元

估计支出
455亿美元

项目资金缺口
295亿美元

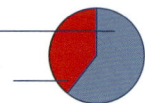

等级提升办法

★ 维护并升级发电和输送基础设施以满足日益增长的电力需求，维护国家的能源安全；

★ 改善电力基础设施体系，支撑电力系统一体化运行，对提供可靠、安全的电力线路设计进行管理；

★ 设计和修建足够的输送设施，确保最低供电能力；

★ 创立激励机制，促进节能以及高效利用石油、核电和其他可再生技术的发展和运用；

★ 建立长效的能源开采研究和发展计划，通过新型和潜在的能源拓宽现有能源供应方式；

★ 继续相关领域研究，改进和提升国家能源输送和开采基础设施状况；

★ 教育大众和政府官员了解电力输送基础设施在我们社会中发挥的重要作用，以及为此搭建新的输送线路需求。

概　况

美国拥有 3100 多处电力公用设施，其中 213 处为股东所有并向约 73% 的用户提供电力；2000 处公共设施为州和地方政府机构所有并向约 15% 用户提供电力；930 处为联合所有并向约 12% 用户提供电力。此外，还有近 2100 家非公用电力供应商，包括独立电力公司和用户所有的分布式能源设施。电力系统总量由三个独立网络组成：东部互联网、西部互联网和德克萨斯互联网。这些互联网与加拿大和墨西哥的国际网络并网，由北美电力可靠性委员会统筹可靠性计划与合作，该委员会是响应 1965 年东北地区停电事件而在 1968 年成立的一个志愿性组织。美国约有 157000 英里高压（大于 230kV）电力输送线。

> 过去 30 年内每年的新建电力输送设施投资基本处于下降或停滞状态，仅过去 5 年呈增长趋势。

美国发电和输送系统提出大量投资请求用于各个关键节点建设，包括投建新的发电厂、提高现有发电效率、电力输送和分配系统等。电力需求增加、新建电厂设施与新建输电设施投资不匹配，导致电力输送与分配系统拥堵。该拥堵事实上禁止了合理的维护需求，发生意外停电事故时将导致系统大面积崩溃。自 1990 年以来，电力需求已经增长了约 25%，电力输送设施建设却减少了约 30%。过去 30 年内每年的新建电力输送设施投资基本处于下降或停滞状态，仅过去 5 年呈增长趋势。预期未来二十年还需要大量资金投入电力生产、输送和分配各个环节，预计到 2030

年为止电力行业投资需求可能高达 15～20 亿美元。自
2005 年采取电网加固措施之后已经取得了一定进展，但公
众与政府的对立、繁复的审批流程以及环境的需要等，常
常制约了更迫切的现代化进程的发展。

现在拥堵的电力输送线路或者说"瓶颈"影响了全国
电网的诸多方面。最新一项评估总结显示，停电和电力不
稳导致每年经济损失达 250～1800 亿美元。若停电或电力
不稳更加频繁或持续时间更长，则损失更加不可估量。维
持电压水平稳定方面也存在操作问题。尚未完全过渡至公
平、高效、有竞争力、大规模的电力市场，也加剧了电力
输送问题。由于现有的电力输送体系当时的设计并不是为
了满足现今的电力需求，所以日常电力输送限制或"瓶颈"
也就增加了消费者的电力成本，增大了停电风险。

现在已经建议新增几条输电线路以缓解当前的拥堵或
增加电力输送冗余度，这样就可以暂时让部分现有输电系
统不工作而进行合理维护和现代化改进。许多情况下，资
金并不是不修建这些重要线路的主要原因，而是过于严苛
的许可要求、法律诉讼以及其他监管问题等才经常制约了
这些输电线路的建设。

电网系统的分配方面包括变电站、电线、电杆、计量、
收费以及电力分配零售等相关的支持体系等。为满足人口
和电力需求的增长，扩展电力分配基础设施和安装新型电
力分配设备，需要进一步的投资。预计未来 10 年电力公司
每年平均要花费 140 亿美元用于电力分配投资。接下来的 10 年
里，电力分配方面的投资很有可能会超过对发电能力的投入。

未来提高电力系统的可靠性，还需要重新设计我们的

**等级提升
案例研究**

★维吉利亚州／西弗吉利亚州★
美国电力（AEP）Jacksons Ferry–Wyoming 765kV 输电线路

美国电力 Jacksons Ferry–Wyoming 765kV 高压输电线路横跨南部的西弗吉利亚到西南的维吉利亚州共 90 英里山岭地区。修建该线路是为了增强系统的可靠性、满足该区域日益增长的电力负荷需求，该区域已有超过 35 年没有进行大的系统可靠性加固了。该线路已于 2006 年通电运行，是美国科技含量最先进的输电线路之一。这条线路是北美第一次采用六导线技术，大大降低了线路损耗和音频噪声。该线路审批始于 1990 年，最终获批是 2002 年。建设该项目需要获得两个州和三个联邦机构的许可。照片由美国电力友情提供。

肯塔基州 ★ Smith to North Clark 345kV 输电线路

东部肯塔基电力公司已经建成了一条 345kV 超高压输电线路，另一条正在肯塔基州中部建设。斯密斯到北克拉克（Smith–North Clark）一条长达 19 英里的 345kV 高压输电线路已于 2006 年完工，另外一条从斯密斯到西加勒德长达 36 英里的 345kV 高压输电线路目前正在建设当中，将于 2009 年完工。建设这些超高压线路是为了连通横穿肯塔基州的第二条超高压线路，适应该地区常见的由北向南传输的电力高压。照片由东肯塔基电力公司友情提供。

亚利桑那州 ★ Palo Verde – Pinal West 500kV 项目

2008 年 10 月 15 日，Palo Verde–Pinal West 项目正式开始商业运作。PV–PW 项目将为亚利桑那州的 Pinal 和 Marocopa 县提供电力输送服务，该项目包括一条新的、长达 55 英里的单回路 500kV 输电线路，连接 Palo Verde 地区与新的 Pinal West 变电站。PV–PW 项目参加方有 6 个：电力区 2、电力区 3、电力区 4、盐河项目、西南传输联合体和图森电力公司。该线路承荷能力为 1400MW，将提高亚利桑那州 Pinal 和 Maricopa 县电力体系的输送能力。照片由博莱克威奇（Black & Veatch）公司友情提供。

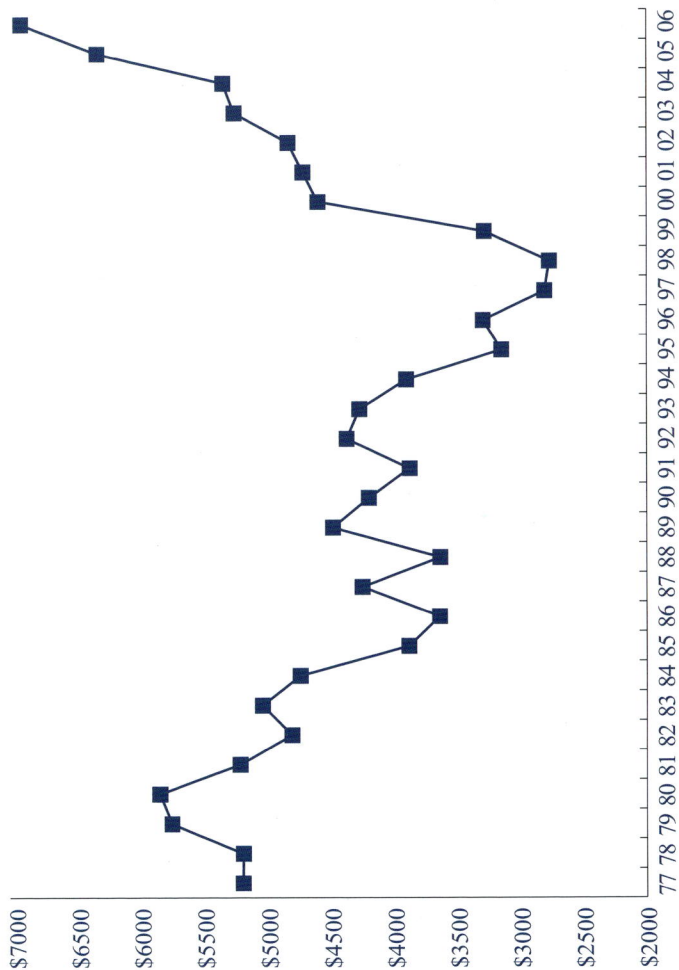

图15.1　1977—2006年间能源输送建设开支（以百万美元计）

电力分配体系。在威尔玛飓风（2级飓风）期间，风力远小于国家电力安全标准（NESC）要求的设计风力荷载，国家电力安全标准却将小于60英尺高的电力设施从这些风力荷载要求中剔除掉了，认为大部分设施是被飞舞的碎片击倒的。但是，75%的电力分配电线杆都只是在风力作用下就被破坏了。若这些结构是根据国家电力安全标准对电力输送结构物的标准——90m/h进行设计的，那么就可以减少电力分配系统老化问题。国家电力安全标准和电力行业需要处理这些建筑物的设计问题，以满足现今的电力输送荷载标准。那些进行了投入使得电力分配体系"经得起考验"的公用联合体，也应该给予他们承诺——投资能得到一定的回报。

恢复能力

目前国家电网的恢复能力严重不足。公用事业单位通常准备等候地方和地区的响应，而国家电网作为一个整体其恢复能力严重不足，它响应的范围应该更广。未来的投资必须增进该系统的强健性、冗余度和快速恢复能力。此外，也必须考虑提高发电效率的新技术和新方式变化方面的投资。真正的系统恢复能力应该是举全国之力实现电网的现代化，提高能源基础设施的安全性和可靠性，有助于供电系统从自然和人为灾害造成的能源供应中断中快速恢复。

结 论

"信息经济"需要一个可靠的、安全的、负担得起的电力系统的发展和繁荣。接下来的几十年内除非投入大量资金用于新的发电厂、传输和分配设施的建设，否则服务质量将下降、成本将上升。这些投资应倾向于包括改进现有电力系统的新技术和可能推进电网革命化的先进技术。尽管还有很长一段路要走，但在 2009 年报告中基于近期所做努力已经将其等级提升至 D+。

附录 A

基础设施等级评估报告（1988—2009）

名目	1988*	1998	2001	2005	2009
航空	B–	C–	D	D+	D
桥梁	-	C–	C	C	C
大坝	-	D	D	D	D
饮用水	B–	D	D	D–	D–
能源	-	-	D+	D	D+
有害废弃物	D	D–	D+	D	D
内陆航道	B	-	D+	D–	D–
堤坝	-	-	-	-	D–
公园与休闲	-	-	-	C–	C–
铁路	-	-	-	C–	C–
公路	C+	D–	D+	D	D–
学校	D	F	D–	D	D
固体废弃物	C–	D–	C+	C+	C+
运输	C–	C	C–	D+	D
污水	C	D+	D	D–	D–
美国基础设施G.P.A.	C	D	D+	D	D
提高等级所需费用	-	-	13亿美元	16亿美元	22亿美元

　＊基础设施的首次评判等级由国家公共工程改进委员会（National Council on Public Works Improvements）于 1988 年发布的报告《脆弱的基础设施：美国公共工程报告》提出。十年之后，美国土木工程师协会才发布第一份美国基础设施等级评估报告。

附录 B

现在就行动起来

　　美国基础设施面临的问题似乎令人望而生畏，不是我们个人可以想办法解决的，但这些问题确实是可以解决的。提高基础设施质量也就意味着要在科技、规划、政治等方面做出改变，但这一切都从你开始。

　　美国人必须要求他们的领导者支持一流的基础设施，以至于能应对今天和明天的挑战。公共机构参与进来解决美国基础设施面临的问题，是未来成功与否的关键。你能做的最重要的就是，获悉我们所面临的问题，并把它告诉你的社区、政治领导者、朋友们以及邻居们。

网　页

　　你可以浏览 Report Card for America's Infrastructure web 网站（http://www.asce.org/reportcard）了解更多的美国基础设施情况，并且关于美国众多的公共工程体系的状况和使它们快速恢复的做法，你也会在这个网站上得到详细的信息。可以参与美国基础设施多方面的讨论，包括个人领域议题及与他人分享所学。或许，最为重要的是，你可以直接寄信给你选出来的官员，告诉他们你对这一重要问题的支持，要求他们对此给予关注并采取实际行动。

附录 C

《2009美国基础设施评估报告》
咨询委员会成员名单

Andrew Herrmann，美国注册工程师（P.E.）、SECB、F.ASCE、主席，总部设在纽约市的 Hardesty & Hanover 桥梁设计公司合伙人，咨询工程师，也是公司桥梁工程的负责合伙人。在公司任职的 35 年里，Herrmann 曾负责固定式和移动式桥梁、公路、铁路等重大交通项目的设计、检测、修复、建设支持、分析和评级。他是美国土木工程师协会的财务副主任，也曾是董事会成员。

Donald L. Basham，美国注册工程师（P.E.）、M.ASCE，曾是美国陆军工程兵团的工程建设负责人。在工程设计、施工、计划和项目管理的从业经验超过 40 年。最近还担任过美国堤坝安全委员会的委员。

John Bennett，美国注册工程师（P.E.）、M.ASCE，负责美国国家铁路客运公司战略合作伙伴部门的政策制定。在铁路和公共交通战略、政策、规划和管理等方面有超过三十年的经验，包括资本项目开发和管理方面的丰富经验。他具有丰富的合作规划经验，包括为造价 1 亿美元的纽约宾夕法尼亚车站中央控制项目的多年投资计划，为美国铁路公司东北走廊路网扩建项目的基础设施制定递延投资，并为 I–95 走廊联盟中大西洋铁路运营研究确定扩建项目。

Jeanette A. Brown，美 国 注 册 工 程 师（P.E.）、BCEE、

F.ASCE、D.WRE，是斯坦福水污染控制局的执行董事，也是曼哈顿学院环境工程系的兼职教授。他拥有 30 年的污水处理经验，是公认的生物脱氮工艺和污泥管理方面的权威。目前担任美国土木工程师协会环境与水资源研究所的副主席。

Charles C. Calhoun, jr., 美国注册工程师（P.E.）、F.ASCE，从事私营业务的顾问工作。退休前担任美国陆军工程兵团的研究发展中心沿海和水力学实验室的副主任，在该机关的任职时间超过 35 年，做出了杰出的贡献。Calhoun 曾担任美国土木工程师协会海岸海洋港口河流研究所理事会的主席，以及美国土木工程师协会航道委员会的主席。他也担任过国际航运协会美国分会的专员和副主席。

J. Richard Capka, 美国注册工程师（P.E.）、M.ASCE，道森公司首席运营官。2005 年至 2008 年间，曾在美国运输部担任美国联邦公路管理员和代理管理员；2001 年至 2002 年间担任马萨诸塞州收费公路管理局的首席执行官 / 执行董事；2001 年，在美国陆军工程兵团服役 30 年后以准将的身份退休。他还担任过美国陆军工程兵团南大西洋师师长、南太平洋师师长和巴尔的摩地区指挥官。

Robert A. Dalrymple, 博士、美国注册工程师（P.E.）、F.ASCE，约翰·霍普金斯大学土木工程 Willard and Lillian Hackerman 教授，专攻海岸工程。他曾担任美国土木工程师协会海岸海洋港口河流研究所的主席；美国土木工程师协会海岸工程研究委员会的主席；美国国家科学院海事局交通运输研究委员会的成员。2006 年当选为美国国家工程院院士。

Michael DeVoy, 美国注册工程师（P.E.）、M.ASCE，

是 RW 阿姆斯特朗公司机场及助航设备项目负责人。他的专长是开发和监督从概念阶段到施工图的设计过程。他是机场顾问委员会（ACC）董事会的前任主席。

David Gehr，M.ASCE，美国柏诚集团美洲公路市场高级副总裁。此前，他曾在维吉利亚运输部担任过多个高级管理职务，其中包括六年的运输部行政首长。Gehr 在交通运输工程和政策方面具有 40 年的专业经验，并活跃于多个专业组织。

Henry J. Hatch，美国注册工程师（P.E.）、DIST.M.ASCE，以中将、总工程师、美国陆军工程兵团指挥官等身份从美国陆军退役。他曾担任 NRC 基础设施和建筑环境委员会和联邦设施委员会的主席，美国军事工程师协会的主席，目前担任联合国教科文组织美国国家委员会自然科学和工程委员会的主席。他是哥伦比亚地区注册专业工程师，美国土木工程师协会杰出会员，美国国家工程院院士。

Brad Iarossi，美国注册工程师（P.E.）、M.ASCE，美国鱼类及野生动物管理局大坝桥梁安全处处长。此前，他曾担任马里兰环境署大坝安全计划负责人超过 16 年。Iarossi 具有丰富的环保法规和水利项目专业知识，曾担任美国土木工程师协会国家水政策委员会的主席，服务于政府事务管理。他也是美国大坝安全协会（ASDSO）的前任主席，自 1992 年以来一直担任该协会的立法委员会主席。

Dale Jacobson，美 国 注 册 工 程 师（P.E.）、BCEE、F.ASCE，雅各布·森萨切尔工程咨询公司总裁。他是一位专业工程师，在处理市政和工业污水、饮用水、地下水、

固体废弃物、有害废弃物和低水平放射性废物等方面具有
40 年的从业经验。他曾担任众多项目的项目负责人、项目
经理或项目工程师。目前，担任美国土木工程师协会环境
和水资源协会主席，并在土木工程认证公司的董事会任职。

Leon Kempner, jr.，博士、美国注册工程师（P.E.）、
M.ASCE，在博纳维尔电力管理局担任结构工程师超过三十
年，主要从事结构工程分析和输电线路设备的设计和研究。
Kempner 博士活跃于许多国家级和国际级电气传动工程专
业机构，为多家输电线路工程结构技术出版物供稿。

Otto J. Lynch，美国注册工程师（P.E.）、M.ASCE，是
电力线系统公司副总裁，该公司为高架输电线路设计软件
的行业标准供应商。在过去的 20 年里，他在世界各地设计
并建造了许多高压输电线路，是世界各地召开的输电线路
设计研讨会上广受追捧的讲师。Lynch 目前是美国土木工程
师协会多个标准委员会的主席，是美国土木工程师协会和
电气与电子工程师协会多个委员会的主要成员，也是国家
电气安全规范委员会的一员。

Roger M. Millar，美国注册工程师（P.E.）、F.ASCE、
AICP、CFM，密苏拉市规划批准办公室主任，在公共部门
和私营部门有超过 25 年的专业经验。他领导的项目，尤其
是波特兰河区发展规划和波特兰有轨电车项目被视为宜居
城市项目的国家级典范项目。Millar 是美国土木工程师协会
运输政策委员会成员，曾担任美国土木工程师协会国家基
础设施和研究政策委员会主席及美国土木工程师协会西北
太平洋理事会主席。

Paul F. Mlakar，博士、美国注册工程师（P.E.）、F.ASCE，美国陆军工程兵团密西西比维克斯堡工程师研究与发展中心高级研究科学家，拥有43年以上的保护性施工经验并将相关军事技术应用在民用领域，包括美国大使馆和其他著名建筑物。曾担任美国土木工程师协会关键基础设施委员会主席。在2001年9月11日恐怖袭击事件后，领导开展了五角大楼建筑性能的研究，并参加了1995年4月19日俄克拉何马州俄克拉荷马城艾尔弗雷德·P·默拉联邦大楼爆炸案的调查。

James K. Murphy，美国注册工程师（P.E.）、CFM、M.ASCE，在联邦紧急事务管理署拥有超过30年的咨询经验，最近向美国国土安全部（DHS）提供咨询服务，包括提供堤坝政策建议。目前，他担任国家滩区经理协会副主席，服务于国土安全部、基础设施保护办公室和堤坝部门协调分会，还是URS公司的项目总监。

Peter G. Nicholson，博士、美国注册工程师（P.E.）、F.ASCE，夏威夷大学马诺阿分校土木工程教授，土木与环境工程系研究生院主席。曾担任美国土木工程师协会地理研究院河堤水坝及斜坡委员会主席，是美国土木工程师协会大坝标准检验委员会的成员。Nicholson博士在夏威夷和加州的大坝安全、设计和修复等方面具有超过20的年咨询经验。

Robert E. Nickerson，美国注册工程师（P.E.）、M.ASCE，拥有超过30年的电力公用事业行业经验，是一位独立咨询结构工程师，专门从事电力输送系统的设计、分析及升级，主要包括三个领域：输电结构的分析和设计，输电结构的研究和全面测试，以及为系统分析和升级开发输电模式。

Thomas M. Rachford，博士、美国注册工程师（P.E.）、F.ASCE，是甘尼特弗莱明公司副总裁，该工程和规划公司总部设在宾夕法尼亚州哈里斯堡。他自 1973 年开始在甘尼特弗莱明公司工作，曾担任美国土木工程师协会环境和水资源协会主席，是美国土木工程师协会方向董事会的现任成员。

Debra R. Reinhart，博士、美国注册工程师（P.E.）、BCEE、F.ASCE，中佛罗里达大学教授，并暂任该校纳米科学技术中心的主任。Reinhart 博士是美国环境工程师协会的主席，7 个国家级专业技术组织和多个国家级委员会的成员。她出版或发表了数量丰富的图书、论文或演讲。

Thomas S. Slater，美国注册工程师（P.E.）、M.ASCE，雷诺史密斯希尔斯公司（是一家国家机场规划和咨询公司，位于北卡罗来纳州罗利市）航空工程和管理的首席专家，在该领域著述颇丰，同时也是专业讲师。他曾是美国土木工程师协会运输政策委员会成员，曾担任 2004 年度航空运输会议的主席，在机场和航空业界拥有超过 25 年的经验。

Paul C. Taylor，美国注册工程师（P.E.）、M.ASCE，从 2007 年 3 月开始担任奥兰治县交通管理局（OCTA）副行政长官；任职的前三年，负责奥兰治县的所有运输方案和项目的规划、工程和建设，其中包括公路、通勤铁路和多式联运线路的升级改造项目。Taylor 是一位注册土木工程师，在南加州拥有 30 多年重大公共部门资本运营改进项目的管理经验。

Paulo Valerio，美国注册工程师（P.E.）、A.M.ASCE，在乔治王子县的马里兰州国家首都公园和计划委员会担任工程设计师，负责公园和娱乐设施的设计和施工管理。

C. Michael Walton，博士、美国注册工程师（P.E.）、DIST. M.ASCE，土木工程教授，在得克萨斯大学奥斯汀分校工程系担任 Ernest H. Cockrell Centennial 委员会主席。Walton 从事交通政策和工程分析行业超过 30 年，贡献突出，当前为多家运输专业社团和技术出版物供稿。

Thomas R. Warne，美国注册工程师（P.E.）、M.ASCE，汤姆·沃恩公司总裁，这是一家咨询公司，其业务是协助公共机构提高运营效率，增强私营公司的盈利能力。参与的项目和工作主要包括一些大型设计、项目建造、战略规划、继任管理、立法举措、市场分析、流程改进计划和客户端的干预措施。此外，2000 年，Warne 曾担任美国国家公路及运输协会的主席。

David L. Westerling，博士、美国注册工程师（P.E.）、F.ASCE，在马萨诸塞州北安多弗的梅里马克学院担任土木工程教授。Westerling 博士曾是美国土木工程师协会的国会研究员，波士顿土木工程师协会主席。Westerling 在公共部门和私营部门的工程经验超过 35 年，曾被选为马萨诸塞州哈佛镇的仲裁人。

Kevin Womack，博士、美国注册工程师（P.E.）、M.ASCE，犹他州立大学土木与环境工程教授，犹他州交通中心主任，专门从事交通基础设施和政策相关工作。Womack 曾是美国土木工程师协会的国会研究员，在"SAFETEA-LU"法案的起草过程中为参议院环境和公共工程委员会工作，并刚刚卸任美国土木工程师协会国家运输政策委员会主席。★

附录 D

方法论

在制定报告等级划分时，我们了审议基础设施的七个基本要素，但并没有进行加权计算。根据《2009 美国基础设施评估报告》咨询委员会的意见，对每个类别进行了审查以及数据分析，确定了每个类别的等级。这些特定领域的专家根据相关元素的具体情况进行分值加减来确定等级。

评估元素包括：

★　能力：评估基础设施满足当前和未来需求的能力。

★　条件：评估基础设施现在或近期的实际状况。

★　资金：确定目前（各级政府）投入到基础设施的资金水平，并将其与估计的资金需求进行比较。

★　未来需求：评估改善基础设施的成本，并确定未来的筹资前景是否能够满足需求。

★　运营维护：评估业主正常运行和维护基础设施的能力并确定基础设施符合政府法规。

★　公共安全：评估基础设施对公众安全的威胁，以及故障可能引发的后果。

★　修复能力：评估基础设施系统防止或抵御重大灾害威胁和事故的能力，以及在对公共安全和健康、经济和国家安全产生最小的损害的前提下，迅速恢复并重建关键服务的能力。（有关恢复能力的详细信息，请参见下文）

等级标准

《2009 美国基础设施评估报告》采用传统的字母等级：

A = 90% ～ 100%

B = 80% ～ 89%

C = 70% ～ 79%

D = 51% ～ 69%

F = 50% 或更低

研究和分级过程

1. 查看每个类别的可用数据或调查结果。收集的数据将用于下列目的：

★ 使用现有的报告等级评估基础设施；

★ 确定当前的支出，以及取代现有基础设施所需的美元（按 2009 年美元计算）；

★ 确定为了满足未来需求，进行基础设施升级，所需的美元；

★ 确定问题产能占比；

★ 确定基础设施、桥梁的数量，道路、管道的英里数等；

★ 评估不作为的后果。

2. 整合分析数据，编制总结报告。以下标准将在陈述数据时使用：

★ 通过所需美元定义的总需求；

★ 现有的和未来的需求以及目前的资金水平；

★ 问题产能占比；

★ 问题数量；

★ 之前报告中体现的实际条件、资金等类别的进展；

★ 不作为的后果。

3.确定一个初始等级。

4.分析、验证并确定最终等级。

恢复能力

基础设施的恢复能力是系统防止或抵御重大灾害威胁的能力，以及在对公共安全和健康产生最小损害的前提下，迅速恢复并重建关键服务的能力。

在评估 15 个类别的恢复能力时，应考虑以下标准：

★ 风险和后果管理（包括每个部门的内部管理和跨部门管理）；

★ 生命周期维护；

★ 部门和系统相关性；

★ 恢复的时间、难易程度以及成本。

评估恢复能力的指标还处于起步阶段，《2009 美国基础设施评估报告》中包括了每个类别的简要定性意见。另外，还需要针对每个部门制定灾害风险的评估方法，并通过该方法发布公众观感和优先事项。

基础设施的恢复能力评估的理念正发生着转变，针对老化和人为、自然灾害问题，从纯保障性战略开始向确保运营连续性转变。恢复能力范围包括安全、防灾减灾以及应对和恢复活动。一个强大、繁荣和有竞争力的国家，必须制定并运行一个可恢复的基础设施架构。★

附录 E

5年投资需求预算的信息来源

国际机场协会,《2007—2011年首都机场开发费用》, 2007年。

美国国家公路和运输官员协会,《弥合鸿沟:恢复与重建国家的桥梁》, 2008年。

美国公共交通协会与美国国家公路和运输协会,《各州和国家公共交通需求分析》, 2008年。

国家大坝安全协会,《修复国家水坝的成本:一种方法、估算及筹资机制》, 2008年。

剑桥系统公司,《国家铁路货运基础设施能力与投资研究》, 2007年。

美国国会预算办公室,《1956年至2004年交通和水利基础设施公共开支趋势》, 2007年8月。

美国国会预算办公室,《投资基础设施》, "参议院财政委员会国会宣言", 2008年7月10日。

爱迪生基金会,《美国电力行业的转变:投资的挑战》, 2008年。

政府问责署,《货运铁路:行业健康有所改善,但竞争和能力问题亟需解决》, 2006年10月。

全国州立公园园长协会,《2008年年度信息交流:2006年7月1日至2007年6月30日》, 2008年。

全国教育协会,《我们国立学校的现代化改造:需要的花费》，2000 年。

国家地面交通政策和收入研究委员会，《未来的交通运输》，2007 年。

国家地面交通政策和收入研究委员会铁路客运工作组，《前景展望：2050 年美国城际铁路客运网》，2007 年。

公有土地信托基金，城市公园卓越管理中心，《城市绿化有所改善，但绿化速度不够理想》，2008 年。

美国农业部，自然资源和环境、林务局，《2009 财年预算申请》。

美国内政部，国家公园管理局，局内参考，《2009 财年财政预算案》。

美国交通部，《美国公路、桥梁和交通线路的状况：条件和性能》，2006 年。

美国环境保护局，《清理国家废品站》，2004 年。

美国环境保护局，《清洁用水和饮用水的基础设施差距分析》，2002 年。★

附录 F

摄影作品名单

美国土木工程师协会感谢以下机构提供本报告中引用的照片。

概　要

马里兰州蒙哥马利县，照片由 The Gazette / Gazette.Net 提供。

水与环境

大坝：马丁内斯河 5 号大坝，照片由圣安东尼奥河管理局提供。蓝天湖大坝，照片由新泽西州环境保护部工程与建设办公室提供。自然资源保护署大坝修复，照片由美国自然资源保护署提供。

饮用水：地下水补给系统，照片由奥兰治县给水管理区提供。市区水资源主要项目，照片由安吉利斯港市提供。

有害废弃物：斯魁姆（Sequim）湾河口恢复，照片由詹姆斯敦克拉姆部落提供。棕地清理，照片由美国环境保护局提供。

堤坝：堤坝投资，照片由加利福尼亚州水资源局大坝安全部提供。护堤，照片由《工程新闻记录报》新奥尔良记者 Angelle Bergeron 提供。

固体废弃物：食物残渣转移计划，照片由 Norcal Waste

公司提供。奥兰治县垃圾填埋场，照片由 Debra R. Reinhart 博士（P.E.、BCEE、F.ASCE）提供。

污水：市北水回收厂，照片由圣地亚哥市提供。透水地砖，照片由 Mutual Materials 和 UNI-GROUP U.S.A. 提供。污水分离工程，照片由华盛顿地区污水管理局提供。

交通运输

航空：西雅图/塔科马国际机场，照片由西塔国际机场提供。芝加哥奥黑尔国际机场，照片由芝加哥市提供。洛杉矶国际机场中心滑行道，照片由洛杉矶国际机场（LAWA-LAX）提供。纽瓦克自由国际机场新一代地基增强系统，照片由纽约和新泽西港务局提供。费城国际机场，照片由 skyscrapersunset.com 马修·约翰（Matthew Johnson）提供。

桥梁：桥梁快速施工措施，照片由犹他州交通部提供。新伍德罗·威尔逊大桥，照片由威尔逊大桥项目部提供。麦克阿瑟迷宫大桥修复，照片由加利福尼亚州交通部提供，摄影人约翰·胡斯白（John Huseby）。

内陆航道：俄亥俄河上的麦克尔水闸，照片由美国陆军工程兵团路易斯维尔分部提供。德拉瓦河道加深项目，照片由美国陆军工程兵团费城分部提供。密西西比河上游 22 号水闸，照片由美国陆军工程兵团岩石岛分部提供。

铁路：芝加哥地区环境和交通能效计划，照片由 CREATE 合伙公司提供。阿拉米达大通道，照片由 AECOM 提供。美国铁路公司东北走廊，照片由美国铁路公司提供。

公路：维吉利亚州 495 号州际公路"高承载率收费车

道"（HOT）项目，照片由城镇交通部提供。中线防撞栏，照片由公路安全基金会提供。马凯特立交桥翻新，照片由威斯康辛州交通部提供。

运输：犹他州运输管理局交通快线（TRAX），照片由犹他州运输管理局交通快线提供。丹佛地区地方运输部交通系统，照片由 LightRailNow 公司提供，摄影人 Dave Dobbs. Missoula。米苏拉城市交通部（山岭线路），照片由蒙大拿州米苏拉规划核准办公室提供。奥兰治县交通局，照片由奥兰治县交通提供。

公共设施

公园与休闲：公共土地信托基金，照片由公共土地信托基金 Julieth Rivera 提供。州立—地方政府合作伙伴关系，照片由波特兰市公园与娱乐部提供。

学校：抗震改造工程，照片由波特兰市公立学校提供。学校现代化计划项目，照片由辛辛纳提公立学校提供，摄影人 Robert Flischel。卡姆登高中改造计划，照片由卡姆登市公立学校提供。

能　源

能源：美国电力（AEP）Jacksons Ferry–Wyoming 765kV 输电线路，照片由美国电力提供。Smith to North Clark 345kV 输电线路，照片由东肯塔基电力公司提供。Palo Verde–Pinal West 500kV 项目，照片由博莱克威奇（Black & Veatch）公司提供。★

致　谢

《2009 年美国基础设施评估报告》是美国土木工程师协会成员及该会工作人员共同努力的结果，感谢下列人员对本项目所做的杰出工作：

Karen Albers
Thomas Allen
Susan Blodgett
Joan Buhrman
Michael Charles
Ayinde Clarke
Marla Dalton
Allison Dickert
Casey Dinges
Steve Fier
Adam Gagnon
Lauren Grantham
Joey Gupta
Camille Haley
Martin Hight
Jane Howell Lombardi
Laura Humphrey
Caroline Macheska
John Marston
Leslie Nolen
Brian Pallasch
Anne Powell
Anthony Reed
Andrea Robitaille
Catherine Tehan

此外，美国土木工程师协会还要感谢以下机构对本研究所给予的帮助：

Airport Consultants Council
American Association of State Highway and Transportation Officials
Association of State Dam Safety Officials
American Public Transportation Association
American Public Works Association
American Road and Transportation Builders
Brookings Institution
Building America's Future Coalition
Laborers' International Union
NACE International
National Association of Clean Water Agencies
National Association of County Engineers
National League of Cities
National Recreation and Park Association
National Utility Contractors Association
Regional Plan Association
Trust for Public Land
Urban Land Institute
U.S. Army Corps of Engineers
U.S. Chamber of Commerce
U.S. Conference of Mayors
U.S. Department of Agriculture, Forest Service
U.S. Department of Agriculture, Natural Resources Conservation Service
U.S. Department of Transportation
U.S. Environmental Protection Agency
U.S. Transportation Security Administration
Water Environment Federation ★